新标准早期教育专业"十三五"规划教材

ZAO QI JIAO YU HUAN JING CHUANG SHE

早期教育环境创设

郭力平　吴龙英 ◎ 编著

华东师范大学出版社
·上海·

图书在版编目（CIP）数据

早期教育环境创设/郭力平，吴龙英编著.—上海：
华东师范大学出版社，2018
0—3岁早期教育专业系列教材
ISBN 978-7-5675-8352-8

Ⅰ.①早… Ⅱ.①郭… ②吴… Ⅲ.①幼儿园-环境
设计 Ⅳ.①G617

中国版本图书馆CIP数据核字（2018）第223465号

早期教育环境创设

编　　著	郭力平　吴龙英
项目编辑	罗　彦
特约审读	吕　点
责任校对	邱红穗
装帧设计	庄玉侠

出版发行	华东师范大学出版社
社　　址	上海市中山北路3663号　邮编 200062
网　　址	www.ecnupress.com.cn
电　　话	021-60821666　行政传真 021-62572105
客服电话	021-62865537　门市（邮购）电话 021-62869887
地　　址	上海市中山北路3663号华东师范大学校内先锋路口
网　　店	http://hdsdcbs.tmall.com

印 刷 者	苏州工业园区美柯乐制版印刷有限公司
开　　本	787×1092　16开
印　　张	13.75
字　　数	301千字
版　　次	2019年3月第1版
印　　次	2021年8月第3次
书　　号	ISBN 978-7-5675-8352-8/G・11512
定　　价	38.00元

出版人　王　焰

（如发现本版图书有印订质量问题，请寄回本社客服中心调换或电话021-62865537联系）

序言 1
XU YAN 1

  哈佛大学霍华德·加德纳的多元智能理论自1983年诞生以来，至今已经36年了。30多年来，该理论影响了许许多多的社会教育领域，包括心理咨询、发展性治疗、天才教育、特殊教育、职业教育、儿童博物馆、主题公园以及大众传媒等。多元智能理论让我们从新的角度来看人的发展，帮助我们更为清晰地认识人、认识人才。可以毫不夸张地说，多元智能理论是20世纪对教育政策、教学、课程以及评价诸方面影响最广泛、最深刻、成果最多的智力理论之一。

  对于教育工作者来说，包括对学前教育从业者而言，多元智能理论是一个思维框架。这个框架的中心是认识、尊重和充分利用儿童个体智能差异。个体差异是人的基本特征之一。充分发挥每个人的智力潜能，最大限度地利用个人特点，就是因材施教，就能找到令人尽其才的出发点。对幼教工作者而言，多元智能理论又是一枚清晰透镜。它能让我们看到多彩光而非单色光，看到光谱的颜色不同、波长不等，却组成了最和谐的自然光。

  换句话说，每一个儿童都是一束自然光。儿童的智能差异不是谁有谁无的问题，而是组成形式的问题。了解儿童不仅应认识其每一单色光，以及光的波长和特点，更重要的是认识如何能够巧妙地把不同波长的光组合在一起，最大限度地促进每一个儿童的全面发展，这才是多元智能理论在教育运用中的基点和实质。

  橙爱集团的吴龙英女士从创业开始就致力于幼儿学习与家庭教育事业。难能可贵的是，她一直努力将多元智能理论作为一个思维框架和一枚清晰透镜来应用于她的幼教创业。基于她的探索和尝试，她写了这本以多元智能理论为基础，探讨早期教育环境创设的书。这是一个很好的尝试。有关多元智能理论在教育方面应用的书籍不下数百本，但是我本人还从未看到过，甚至从未听到过有一本把该理论运用到0～3岁儿童环境创设中去的书。吴女士的这本书是一种大胆的创新，也许这与她作为一个成功的企业家的性格、特点和经历有不可分割的联系吧！

  用多元智能理论指导环境创设旨在为儿童提供多方面的学习与发展的经验。每一种材料、每一个活动、每一次与成人或者同伴的交流都可能是多种智力特点的结合和运用。橙爱的课程正是在这一思想指导下被开发和运用的。发展儿童的多元智力不应该是教育的目的，也不应该是环境创设的目的。教育的目的是由社会决定的，与社会的发展紧密相连。多元智能理论仅仅是一种理念、一种工具，帮助我们更有效地实现教育目的。橙爱倡导的环境创设力求融丰富自然的材料和用心关爱的人际交往于儿童活动中，以促进儿童的身心健康和全面发展，故值得期待与支持。

我衷心地希望龙英能在不断的探索实践过程中有所发现、提高，期待听到她成果丰硕的实践报告。

陈杰琦

2018年6月

美国芝加哥埃里克森儿童发展研究院

序言 2
XU YAN 2

　　生命与生态，相互依存、密切关联、互为影响又不可分离。孩提时代便耳熟能详的童话、寓言、传奇，诸如井底青蛙的"观天疑问"，壳中蜗牛"为何总背负着沉重的小房子"，丑小鸭如何变成美丽的白天鹅，小马过河又产生了怎样的认知与体验，还有帅哥罗宾逊的孤岛漂泊与顽强生存……虽是艺术创造，却形象生动地揭示出围绕生命存在的"环境"，对人类的生活与发展直接或间接产生着多么重要的影响。

　　的确，人类无时无刻不处在具体的环境之中，环境又时时刻刻影响着人们的健康、情绪、心智、交往乃至创造等各个方面。成人如此，儿童亦然。尤其是0～3岁的婴幼儿，"人之初，境相遇；启蒙始，早奠基"。环境使孩子们在特定的世界中自由成长、主动学习、积极探索和大胆创造成为可能。环境作为自然与社会各种因素的总合、空间与时间的集合、物质与人文的整合、现实与虚拟的结合，对儿童的发育成长有着至关重要的影响并产生正负双向的能动作用。正是基于"环境育人"的客观属性，同时又高度关注环境对于儿童早期教育影响的复杂性、潜在性及其"黑箱特征"，国际上有些幼儿教育专家索性提出：凡是儿童可以接触到的都可称之为早期教育环境。

　　令人欣喜感佩的是，优秀的教育家、成功的企业家吴龙英女士和郭力平教授率领"橙爱"学前教育的研究团队，以中国教育学会十三五规划重点课题"应用智能科学、促进家园共育、发现儿童天赋、开发孩子潜能的实践研究"为载体，以"橙爱天赋启蒙中心"为早期教育环境创设的实验基地，并以华东师大幼儿教育前沿理论为指导、哈工大机器人智能技术研发为支撑、哈佛大学加德纳教授创立的多元智能理论为参照，围绕智慧环境创设与幼儿早教方略开展了全面、系统、扎实、持续的实践研究。作为课题研究的初期阶段性成果，《早期教育环境创设》的出版，及时回应了千万家庭对于早教环境的迫切关注，回答了幼儿园广大教师对于幼教环境创设的诸多关切，填补了当前信息社会与城镇化建设背景下，幼儿早期教育与环境创设的理论路径、创新策略与实践操作方法的学术空白。

　　首先，该书汇集国内外幼儿教育学、心理学、环境科学与脑科学的经典理论和最新研究成果，围绕早期教育与环境创设的关系，加以系统精要的文献梳理，结合早教实践进而对儿童成长环境加以分类研究，并从操作层面提出营造婴幼儿早教良好环境的原则、策略与方法。

例如，我国学前教育的开山前辈陈鹤琴先生，把儿童成长环境划分为游戏的环境、劳动的环境、科学的环境、艺术的环境和阅读的环境这五种类型。他强调：游戏可以给小孩子快乐、经验、学识、思想和健康，劳动恰是发展小孩子做事能力的机会，在家庭里提供一种科学的环境以引起孩子们科学研究的兴趣，将与孩子密切相关的音乐、图画和审美作为艺术环境的重要组成部分来锻炼儿童的听觉、塑造儿童绘画和审美的能力。他还特别注重阅读环境，提倡要小孩子喜欢阅读。我们的家庭、社会必定要先有阅读的环境，正如为人父母每天应当读书看报，自然应给孩子各种相当的儿童读物。构建这样五个维度的环境，小孩子便能获得充分的运动、适宜的伴侣、优美的影响，这样他们的"身体就容易强健，心境就常常快乐，知识就容易增进，思想就容易启发"。

再如，国际幼儿教育专家塞尔玛（Thelma Hams）将早期教育环境分为家庭托育环境和儿童托育（早期教育机构）环境，并详细区分了这两种环境的七个组成部分与七个维度；还有国内研究者在此基础上将托幼机构的环境分为空间与设施、幼儿保育、集体教育活动、游戏材料和活动、互动、一日活动、对家长和教师的支持、对特殊需求幼儿的支持这八个维度，以及体现集体活动特色与价值取向的九个部分，等等。

该书精当翔实的理论梳理，让我作为有着三十余年教育教学经历的读者耳目一新，既补充了儿童早教、环境育人的理论新知，更理解到要营建孩子们健康成长的结构性环境（即早教机构或家庭提供的空间、设施和教师、家长的合理运用）和过程性环境（即儿童与环境的互动，与环境中的他人，包括师幼、亲子、同伴的互动），就必须让这些环境具备科学理论的武装。正因如此，这部具有幼儿师范教科书般严谨风格的著述，值得幼师院校的在校生和幼教在职教师作为专业必读书目认真研读。

其二，专著始终将儿童放在环境的中央，将每个孩子天赋的开发与素养的培育放在首位。书中阐释了霍华德·加德纳的多元智能理论、蒙台梭利的有准备的环境学说、布朗芬布伦纳和马拉古奇的早期教育环境的观点，揭示出儿童与生俱来的"内在的生命力"（或称为"内在潜力"）。作为一种积极的、活动的、发展着的存在，它具有无穷无尽的能量。教育的任务是发现、激活并释放儿童的"内在潜力"，帮助每个孩子按其自身规律获得自然的和自由的发展。为此，该书引进八大智能理论，创建多元情境；借鉴五大生态系统理论，发挥后天良好环境的影响；认同"环境是儿童的第三任老师，又是团体共同创造的结果"，让孩子们在与环境的相互作用中主动学习，在与同伴、老师、家长自由自主的交往中诱发内在的潜能，甚至能去弥补个人先天的不足。

其三，本书最具特色的部分是第四章至第十二章，其中分门别类地对语言智能区、音乐智能区、空间智能区、自然观察智能区、逻辑数学智能区、自我认知智能区、人际认知智能区、身体动觉智能区以及家庭早期教育等环境的创设加以阐释，还辅以个性化的案例、可视的情境再现、照片与图表等，为读者呈现出多元多维、多姿多彩、可感知、能迁移的婴幼儿早期教育的环境设计。

作为"实践篇"，作者结合婴幼儿年龄发展的特征，以及自身创建智玩活动环境的成功经验，详细阐述了0～1岁婴幼儿、1～2岁婴幼儿、2～3岁婴幼儿各学段的环境创设方法，以及教师对不同年龄段孩子在不同智能环境中怎样发挥好组织与引导的作用。正是由于植根孩子的活动、融入孩子的成长，而这些又是浸润在环境创设之中，加上图文并茂的写作特色，以及作者在坚守科学严谨的原则的同时，又尽量避开刻板，使得该书既能成为幼教老师的专业教科书，又能成为广大家长们的幼儿早教科普指南。

其四，早教环境的创设，难在诸多要素的整合，重在教师或家长的应用和孩子们的参与、分享。该书对于环境的复杂性、复合性、建构性、能动性、生成性、发展性等给予高度关注，并通过鲜活的故事与案例将其现象与本质揭示出来。

难能可贵的是，面对"互联网+"的大背景，作者审慎思考现实环境与虚拟环境、直观（显性）环境与心理（隐性）空间、共性（群体）环境与个性化环境等对于21世纪儿童天赋与素养的培育所带来的新影响与新要求，通过橙爱科研团队创设的"智玩环境"，对传统的早教环境实现新整合、新突破与新创设。书中讲述了唤醒天赋的智慧环境创设的"故事"，体现出为儿童创建一个能充分发挥其巨大潜力，能使其感受到自身存在价值，进而积极主动参与创造的学习环境的总体追求。作者特别强调：环境不是被动的或一成不变的，每项活动的目标、内容与方式，最好根据幼儿自身成长规律与认知水平，由孩子们与教师或家长共同协商、共同建构而最终完成。"协商性"的组织方式，不是一个线性发展的过程，而是呈螺旋上升的趋势，其中孩子们的体验不断重复又不断提升，打破以往教师"满堂灌"的局面，优先关注幼儿的需求、兴趣及其主动建构环境的过程。

书中反复告诫：环境对于婴幼儿的作用不总是积极的，有时也会有消极的一面。相对成人来说，儿童年龄小，心理发展尚不成熟，活动和思维的独立性较弱，不具备像成人那样对环境的辨别能力和改造能力。作者引述卢梭、陈鹤琴的观点，说明小孩子生来大概都是好的，但是到了后来，或者是好，或者是坏，都是因为环境的关系。环境好，小孩子就容易变好；环境坏，小孩子就容易变坏。作者还介绍了认知神经科学的最新研究成果，为了解环境的价值提供了新视角——环境经验对儿童的发展不可或缺，一旦缺少合适的经验，就会使儿童的某些基因发生变化。因此，成人为孩子选择、设计的环境对他们大脑的发育是至关重要的。

环境创设的目的在于解放成人，让儿童独立自主地学会适应环境，尝试着利用环境为自己做事，从小培养面对环境的积极态度，主导自我去创造生活。正如苏霍姆林斯基所说："如果一个人不能在活动中和成就中确立自己的地位，如果他没有感到自己作为一个创造者的自尊感，如果他不能自豪地抬起头走路，那么，所谓的人就是不可思议的。"当然，发展儿童的自我意识，并不意味着要抹杀教师在儿童发展中的重要作用，反而是对教师和家长在创设环境、用好环境方面提出了更为专业化的要求。作为儿童的引路人，实现"提供环境—有效引导—调整环境—深化引导"的周而复始、循序渐进的良性循环，才能帮助儿童实现全面的、持续的发展。

"人之初，境相伴；慧心性，巧创建。育素养，家与园；启智能，蓓蕾绽；优生态，橙爱缘。"

其实，古今中外传承至今的"童心说"、"赤子说"、"游戏说"等，无不反映出人们对于童真的仰慕与渴望。在充满童心、童趣、童乐的智慧环境中，与孩子们尽情地玩耍，让已经成人的老师和家长也返老还童一把，不正是和谐社会又一道美好的风景线吗？

热忱期待，是为序。

李 方

2018年五一劳动节于北京

（北京市政协教文卫体委员会副主任，

北京教育学院教授、原院长）

前言

　　无论是老子的"道法自然",孔子的"因材施教",还是霍华德·加德纳的"多元智能理论",这些教育理念跨越时间、空间和文化差异,都在讲述一个教育的本源,即发现每一个人与生俱来的天赋、热情和智慧。

　　如果一个孩子,其所学的、所做的、擅长的、热爱的都在一个点上,那么等他长大后,小成者,可以安居乐业——安于自己的心,乐创擅长的业,幸福生活;大成者,可遵循内心的激情去创造,推动人类文明的发展。

　　孩子并非孤立存在的,他与家长、教师、伙伴以及社会中的每一个人、每一种环境都时刻发生着互动。如何借助时间和环境来发现孩子的优势智能,提升孩子的自信心、好奇心和爱心,以天赋为本源,培养孩子的学习能力、创造能力,这是本书的源起。

　　本书以时间为顺序,叙述0~3岁婴幼儿身心及智能发展的特点;以空间为顺序,介绍从家庭到早教机构、从儿童乐园到社区等不同活动空间的环境创设。本书借鉴了多元智能理论,把空间按不同的智能来分区,然后介绍在各个不同智能区域(根据婴幼儿的年龄和身心发展特征)投放材料的方法和注意事项,以及教师在环境中的影响因素,以此构成本书写作的主线。但是,由于婴幼儿的各项智能具有综合发展的特点,希望读者在具体应用时能充分理解这一点,把年龄和智能分区作为一个参考,举一反三,触类旁通。

　　在诸多的早期教育和发展理论中,我们选择多元智能理论作为书中创设环境的理论依据,这是因为其融合了社会学、心理学和教育学,以西方的方法论诠释了"因材施教"。多元智能理论打破了单一的智能观,树立了"每一个孩子都聪明,只是聪明的方面千差万别"的教育理念。这是一种对教育的哲学思考——让每个孩子都有可能拥有一个美好的未来。

　　环境对于婴幼儿发展的作用与多元智能理论在教育领域的实践启示有两个共同的特点:个性化和多样化。个性化是指在同样的环境中,100个孩子有100种不同的探索和玩法。多样化是指在环境创设中,成人要为婴幼儿提供丰富的自然材料和体验交流互动的机会,包括多样化的智能区域、学习材料和游戏活动。创设这样的环境,能使婴幼儿通过与环境有意义的互动来发展其解决问题的能力;与此同时,还能够了解婴幼儿智能的结构,培养其兴趣和强项。我们可以将这一过程称之为启蒙和发现儿童的天赋。

对于一个从事早期教育的教师来说，透过这本书，可以了解不同年龄段婴幼儿智能发展和身心发展的特点，并以此来创设环境，投放材料和玩教具，设计适宜的游戏活动，然后观察和记录不同婴幼儿解决问题的方法，理解他们之间的差异，从而更好地发现儿童的优势智能或天赋。

对于家长来说，要特别强调在物理环境创设的同时，注重情绪和情感对于孩子的潜在影响，家长一定要尽量避免因成人情绪问题而带给婴幼儿的负面影响。在一个家庭中，如果条件允许，请给孩子一个独立的空间。

作为一个早期教育的研究者和从业者，我从2010年开始参与多元智能理论相关的课题研究，从十二五课题"多元智能理论在家庭教育中的应用"到十三五课题"借鉴多元智能理论，开发儿童潜能的实践研究"。从接到写书之约开始，我们将产、学、研结合，团队先后三次历时45天深入美国多家托幼机构，同时还去俄罗斯、日本、芬兰等国的数十家著名的托幼机构、社区托育中心研学（书中的大部分照片都是研学交流过程中的拍摄记录），融合中西方文化，分别从家庭、社区和早教中心三个不同的空间维度，梳理出早期教育环境的创设方法。此外，我们还运用了"物联网技术＋大数据"相结合的方法，以期在当代的互联网环境下，给予孩子更好的早期教育环境。

感恩郭力平教授合著，感恩陈杰琦教授、李方院长为本书写序言，感恩张义宾博士以及林倩、孙丽莉、徐小妮博士等人的建议，并给予本书丰富的案例，感谢橙爱团队提供了优质的图片，感谢给予本书提供支持的所有机构和人。

吴龙英

2019年2月

▲ 吴龙英女士与霍华德·加德纳博士合影

目 录

第一部分 理论篇

第一章 早期教育环境概论 / 3
　　第一节　环境对人的影响 / 3
　　第二节　早期教育环境的概念和分类 / 5
　　第三节　早期教育环境对婴幼儿的影响 / 6

第二章 早期教育环境创设的理论基础 / 12
　　第一节　早期教育环境创设的相关理论 / 12
　　第二节　霍华德·加德纳的多元智能理论 / 15

第三章 早期教育环境创设的原则 / 25
　　第一节　安全为先 / 26
　　第二节　保教结合，保育为主 / 30
　　第三节　情感渗透 / 33
　　第四节　鼓励婴幼儿参与 / 35
　　第五节　鼓励婴幼儿自主选择、主动探索 / 37
　　第六节　技术的融合 / 45

第二部分　实践篇

第四章　语言智能区的创设 / 51

　　第一节　0~1岁婴幼儿语言智能区的环境创设 / 52
　　第二节　1~2岁婴幼儿语言智能区的环境创设 / 61
　　第三节　2~3岁婴幼儿语言智能区的环境创设 / 66
　　第四节　教师在0~3岁婴幼儿语言智能区中的作用 / 74

第五章　音乐智能区的创设 / 76

　　第一节　0~1岁婴幼儿音乐智能区的环境创设 / 78
　　第二节　1~2岁婴幼儿音乐智能区的环境创设 / 81
　　第三节　2~3岁婴幼儿音乐智能区的环境创设 / 85
　　第四节　教师在0~3岁婴幼儿音乐智能区中的作用 / 89

第六章　空间智能区的创设 / 91

　　第一节　0~1岁婴幼儿空间智能区的环境创设 / 92
　　第二节　1~2岁婴幼儿空间智能区的环境创设 / 97
　　第三节　2~3岁婴幼儿空间智能区的环境创设 / 101
　　第四节　教师在0~3岁婴幼儿空间智能区中的作用 / 108

第七章　自然观察智能区的创设 / 112

　　第一节　0~1岁婴幼儿自然观察智能区的环境创设 / 114
　　第二节　1~2岁婴幼儿自然观察智能区的环境创设 / 116
　　第三节　2~3岁婴幼儿自然观察智能区的环境创设 / 121
　　第四节　教师在0~3岁婴幼儿自然观察智能区
　　　　　　中的作用 / 125

第八章 逻辑数学智能区的创设 / 127

第一节　0～1岁婴幼儿逻辑数学智能区的环境创设 / 129
第二节　1～2岁婴幼儿逻辑数学智能区的环境创设 / 133
第三节　2～3岁婴幼儿逻辑数学智能区的环境创设 / 135
第四节　教师在0～3岁婴幼儿逻辑数学智能区
　　　　中的作用 / 139

第九章 自我认知智能区的创设 / 142

第一节　0～1岁婴幼儿自我认知智能区的环境创设 / 144
第二节　1～2岁婴幼儿自我认知智能区的环境创设 / 147
第三节　2～3岁婴幼儿自我认知智能区的环境创设 / 149
第四节　教师在0～3岁婴幼儿自我认知智能区
　　　　中的作用 / 154

第十章 人际认知智能区的创设 / 156

第一节　0～1岁婴幼儿人际认知智能区的环境创设 / 158
第二节　1～2岁婴幼儿人际认知智能区的环境创设 / 161
第三节　2～3岁婴幼儿人际认知智能区的环境创设 / 166
第四节　教师在0～3岁婴幼儿人际认知智能区
　　　　中的作用 / 171

第十一章 身体动觉智能区的创设 / 174

第一节　0～1岁婴幼儿身体动觉智能区的环境创设 / 176
第二节　1～2岁婴幼儿身体动觉智能区的环境创设 / 182
第三节　2～3岁婴幼儿身体动觉智能区的环境创设 / 185
第四节　教师在0～3岁婴幼儿身体动觉智能区
　　　　中的作用 / 192

第十二章 家庭早期教育环境的创设 / 195

中文参考文献 / 201
英文参考文献 / 202

第一部分
理论篇
LI LUN PIAN

图 1-0 创设良好的早期教育环境

早期教育环境对婴幼儿的成长有着至关重要的影响。良好的早期教育环境能引发婴幼儿的主动学习，促进婴幼儿不同领域的发展，为婴幼儿提供游戏的机会，并能减少婴幼儿的行为问题。因此，成人要密切关注婴幼儿所处的环境，为其创设一个兼具个性化和多样化，且符合其身心发展的良好环境。

第一章 早期教育环境概论

学习目标

1. 理解环境对人的影响。
2. 了解早期教育环境的概念和分类。
3. 掌握早期教育环境对婴幼儿的积极和消极的影响。

内容脉络

第一节 环境对人的影响

自人类诞生以来，环境就一直环绕在我们周围，为我们提供食物和滋养，使人类得以延续。可以说，环境是无所不包的，我们吃的食物、喝的水、呼吸的空气，我们看到的、听到的、感受到的所有都可以称之为环境。环境不仅包括自然环境，还包括社会环境。环境有大，比如生态环境；环境也有小，比如家庭环境。我们可以通过以下案例来深入理解环境对人的影响。

老鼠实验

心理学家马克·罗森茨威格选了一批遗传素质一致的老鼠，并把它们任意分成三组。第一组的3只老鼠被关在铁笼子里一起喂养，此为"标准环境"。第二组的

▲ 图1-1 马克·罗森茨威格（Mark Rosenzweig）的老鼠实验

老鼠被单个地隔离起来，身处在三面不透明的笼子里，光线昏暗，几乎没有刺激，此为"贫乏环境"。第三组的十几只老鼠一起被关在一个大而宽敞、光线充足、设备齐全的笼子里，内有秋千、滑梯及各种"玩具"，此为"丰富环境"。经过几个月的环境"熏陶"，马克·罗森茨威格发现处于"丰富环境"中的老鼠最"贪玩"，处于"贫乏环境"中的老鼠最"老实"。实验之后，他将老鼠的大脑摘出解剖并进行分析，结果发现三组老鼠在大脑皮层厚度、脑皮层蛋白质含量、脑皮层与大脑的比重、脑细胞的大小、神经纤维、神经胶质细胞的数量等方面，都存在着明显的差异。"丰富环境"组的老鼠的优势最为显著，而"贫乏环境"组的老鼠处于最劣势。观察两组老鼠大脑的神经突触发现：处于"丰富环境"的老鼠比处于"贫乏环境"的老鼠的神经突触大50%。

以上认知神经科学的研究让我们了解环境对生物个体成长的重要性，也为我们了解环境的价值提供了新的视角。环境经验对儿童的发展是必不可少的，对大脑发育迅速的0～3岁婴幼儿来说尤为重要。国际儿童发展科学委员会（National Scientific Council on the Developing Child）将大脑的发展与房子的构造相类比，认为如同缺少合适的材料会使房子原先设计的蓝图改变一样，儿童如果缺少合适的经验也会使基因计划产生变化。更进一步说，在不牢固的大脑架构的基础上建立更高级的认知、社会、情感和技能，会比一开始就获得正确的经验更困难，效率也更低，因为儿童的经验受限于他们所处的环境。因此，我们为儿童选择、设计的环境对他们大脑的发育至关重要。

拓展阅读

智商与环境

在20世纪40年代，美国社会学者史密特（Bernadine Schmidt）在芝加哥选定了254名来自社会底层的12～14岁少年作为研究对象，这些少年都被认定为"低能"，平均智商只有52。史密特对这些少年进行了3年的强化训练，包括培养他们良好的学习习惯、生活作风、基本技能等。3年后，史密特重新对他们进行了智商测试，发现他们的平均智商增加到了72，较3年前增长了20分。5年后，史密特再次对他们进行了测试，发现他们的平均智商继续增加，达到了89，进入了正常人范围，而且有四分之一的人的智商增长了50分以上。这个实验说明了智商的高低并不是一成不变的，也不是完全由遗传因素决定的，它与后天的教育环境有很大关系。

苏霍姆林斯基和布鲁姆等教育家都强调过心理环境和社会环境的重要性，这些环境会对一个人产生巨大的影响力，而通过教育引导则可以让这种影响力成为积极的创造力。我国古代的"孟母三迁"说的也是环境对人的重要性。

生命与环境相互依存、相互影响、相互作用。环境因其自身拥有复杂性、复合性、建构性、能动性，故而可分为直观（显性）环境与心理（隐性）空间、共性（群体）环境与个性化环境，以及当今人类通过科技实现的现实环境与虚拟环境等。在一个人从婴儿成长为成人的过程中，会受到周围各种环境日复一日的影响。

第二节　早期教育环境的概念和分类

我们将早期教育环境定义为围绕着儿童成长的空间及人、事、物，是与儿童密切联系的空间、设备设施和游戏活动的总和，是直接或间接影响儿童生活和发展的各种自然因素和社会因素、物质环境和人文环境的结合。也可以说，凡是儿童身体接触到的、心理感知到的，都可以称之为早期教育环境。

由于环境中有着各种各样的信息，从而形成了环境的综合性和复杂性。而儿童在每个不同的年龄段，身心发展对环境的需求也不同。因此，环境给儿童的发展创造了条件和基础，但若利用不当，也会阻碍儿童的发展。如果儿童周围的环境是不利于他发展的，那么处在这个环境中的儿童就会汲取不利于其发展的信息。我们在创造适宜儿童身心发展的环境的同时，要注入人（养育者）的因素对环境加以引导，让儿童通过环境不断吸取正确的成长经验，从而形成自己的知识体系和思维判断，让儿童发展成为一个完整、独立、具有创造力的社会人。

因此，成人要密切关注儿童所处的环境，尤其是早期教育环境，因为0～3岁是儿童建立安全感和养成核心性格的重要时期。让婴幼儿在早期打好坚实的基础，将有助于他们在未来人生道路上的扬帆起航。而一个适合婴幼儿发展的早期教育环境是需要成人进行创设的，这个环境应该要能让婴幼儿感到安全，这里指的不仅仅是身体上的安全，还包括心理、情感的安全，让他们感受到被爱，并且和成人是平等的。这个环境还要能鼓励婴幼儿主动探索，并能发展婴幼儿的各类经验。

早期教育的研究者、不同国家的教育家及心理学家们，对儿童早期教育环境的分类维度各有不同。

近代著名的幼儿教育专家陈鹤琴把环境划分为游戏的环境、劳动的环境、科学的环境、艺术的环境和阅读的环境等①。他认为，游戏可以给孩子快乐、经验、学识、思想和健康，所以做父母的不得不注意孩子的游戏环境，给他很好的设备，使孩子有充分的运动，身体就容易强健，心境就常常快乐，知识就容易增进，思想就容易启发。其次，陈鹤琴提出，应当让孩子有劳动的机会来发展他们做事的能力。另外，他认为根据孩子好动的心理，应当在家里给他们提供一种科学的环境，以引起他们探究科学的兴趣，使他们有初步构造玩具的能力。此外，他还将与孩子密切相关的音乐、画图和审美作为儿童艺术环境的重要组成部分，以锻炼儿童的听觉，塑造儿童绘画和审美的能力。最后，他特别注重阅读环境，提倡要让孩子喜欢阅读，因此，我们的家庭、我们的社会，必须有阅读的环境。此外，父母也应当每天看看书和报纸，并且给孩子足够数量、种类丰富的儿童读物。

塞尔玛（Thelma）等人将早期教育环境分为家庭托育环境和儿童托育环境（如早期教育机构）。家庭托育的环境划分为空间与设备、课程结构、活动、个人的日常照顾、聆听与说话、互动、家长与托育人员七个部分②。儿童托育的环境划分为空间与设备、日常例行照顾工作、学习活动、课程活动、倾听与交谈、互动、家长与教职员七个维度③。国内研究者李克建在此基础上，将国内托幼机构的环境划分为空间与设施、幼儿保育、集体教育活动、游戏材料和活动、互动、一日活动、对家长和教师的支持、特殊需求幼儿的支持八个维度，凸显了我国集体活动的特色④。另外还将集体活动划分为目标与内容、情感支持、教学设计与准备、教学过程、教学支持、语言理解与表达、概念与推理、幼儿表现、价值取向九个部分。

根据上述研究，我们发现，大多数专家和学者把构成早期教育环境的因素分为两个主要部分，一是物理空间结构环境，即早教机构或家庭提供的空间和材料；二是过程性环境，该环境对婴幼儿身心的影响取决于家长和教师的水平，其中包括同伴互动、亲子互动、师幼互动等。

本书中的早期教育环境主要包括物理空间环境和过程性环境，是基于儿童的不同年龄和不同智能水平来创设的。

第三节
早期教育环境对婴幼儿的影响

教育学家卢梭提出：环境是影响儿童成长与学习的关键。儿童在自然的环境中，若

---

① 陈鹤琴.为儿童造良好的环境［J］.幼儿教育，2000（Z1）.
② Thelma Harms, Richard M C.家庭托育评量表（修订版）［M］.倪用直，译.台北：心理出版社，2010.
③ Thelma Harms, Debby Cryer, Richard M C.婴幼儿托育环境评量表（修订版）［M］.倪用直，译.台北：心理出版社，2008.
④ 陈佳丽.《中国托幼机构教育质量评价量表（试用版）》的试用研究［D］.金华：浙江师范大学，2012.

没有受到后天不良环境的影响，其自然天性能充分得到发扬，并且生命的本质将更为坚实。[①] 由此可见，环境对于儿童早期的发展至关重要。

一个设计良好的学习环境，无论是整体的色彩、造型、装饰，还是细微到一草一木，都能启发儿童的心智，激发其学习的兴趣，从而促进儿童的发展。

▲ 图1-2 婴幼儿好奇地主动触碰物品

一、良好的早期教育环境能引发婴幼儿的主动学习

婴幼儿自出生开始，就对这个五彩斑斓的世界充满着好奇，并积极地探索着。他们会在母亲微笑的时候给予回应，会在吃到甜的东西时眉开眼笑，会在看到没见过的东西时伸手触碰等。可以说，婴幼儿的学习是发生在互动中的，互动的方式主要包括两种：与人的互动和与物的互动。而人和物对婴幼儿来说都是环境，因此，婴幼儿的学习是在环境中和环境互动时发生的。

儿童具有"吸收性心智"，他们能轻松地从周围环境中汲取知识，并且通常都会基于已有的经验来提出新的观点或假设，然后尝试通过社会互动、身体控制来体现他们的思维过程，如观察所发生的事、反思他们的发现等。而设计良好的环境不仅能给儿童提供多种多样的机会，通过直接经验来建构他们的知识，还允许多种多样的互动方式，如亲子互动、师幼互动、幼幼小组互动等；更能让教师有机会使用各种各样的方式来支持儿童的学习，如示范、提问或者提供直接指令等。

但是婴幼儿发展和学习的进度是不同的，因此，我们可以通过设计良好的环境来满足各个水平婴幼儿的发展需要，提供多种多样的材料和活动，为不同发展水平的婴幼儿提供适宜的发展机会。例如在进行分类游戏时，婴幼儿A能按颜色和类型两种维度进行分类，而婴幼儿B只能从颜色维度进行分类。对于这种情况，教师要提供多种材料并保证材料的开放性，使得婴幼儿A和婴幼儿B都可以选择自己感兴趣的材料来满足自己不同的发展需求。

▲ 图1-3 一个开放的空间，可以为幼儿提供充分的自主学习机会

---

① 卢梭.爱弥儿[M].李平沤，译.北京：商务印书馆，1978.

此外，设计良好的环境能为婴幼儿提供多种不同等级的挑战。当婴幼儿成功完成一个等级的挑战时，还可以进行下一个等级的挑战。例如，在婴幼儿完成了一组4块的拼图之后，他还可以挑战6块的拼图。除此之外，婴幼儿可以选择自己玩，也可以和其他人一起玩，并且可以自己决定游戏的时间，这种自由的设置能让他成为自主的学习者。

案例

环境构成了婴幼儿主动探索和学习的前提

安娜老师是一位家庭儿童保育人员，她在自己家里进行保育工作。一天，她带孩子们来到院子里。32个月的杰瑞和21个月的罗杰蹲坐在一个他们发现的洞旁。他们盯着那个泥土里的小洞，然后杰瑞看到附近有根木棍，他拿起后放到洞里。罗杰看了他一会儿，然后把自己的手指放在洞里再拔出来，罗杰发现泥土粘在他的手指上，他赶紧展示给安娜老师看。安娜老师问罗杰："这些泥土是哪里来的呢？"罗杰指着那个洞。

罗杰发现了那个洞里有泥土，这对于成人来说不是很惊奇的事，但是安娜老师理解罗杰是在分享他的好奇心。因此，安娜老师允许罗杰甚至鼓励他去探索那个洞。尽管罗杰可能还是只获得一些泥土，但是这样的经历会帮助他加深理解，并且可以在他的脑海里创造一些问题，然后通过自己的探索去寻找答案。

从这个案例可以发现，对于婴幼儿来说好奇心时常产生，而好奇的婴幼儿更容易获取到新信息，包括他们将在学校中学习到的信息。

▲ 图1-4 在环境中探索

二、良好的早期教育环境促进婴幼儿不同领域的发展

良好的早期教育环境能促进婴幼儿在不同领域的发展，如身体、语言、情绪和认知等。婴幼儿在某个领域的发展会影响到他在其他领域的发展，而设计良好的环境能够更好地促进其在各领域的发展。

首先，一个设计良好的环境能提供整合学习的经验。例如，当婴幼儿在玩积木时，他们能同时锻炼大肌肉和小肌肉群，并且能锻炼他们对空间建构的认知，可以接触到形状、重量和平衡等概念，甚至是学会在空间的建构中解决问题等，通过积木游戏提升他们的空间智能和身体运动智能。

其次，一个设计良好的环境能更好地帮助婴幼儿建立秩序感。秩序感是通过观察周围环境来预测规律的变化以确定接收信息的含义，是生命体对于事物的空间布局、存在形式、归属或事件发生顺序和谐、有序的要求。蒙台梭利提出的"秩序敏感期"是解读婴幼儿行为的一个重要维度。

> **案例**
>
> **记忆——早期儿童发展的重要学习品质**
>
> 早上刚刚吃过点心，30个月的明哲看着墙上的照片。他指着那张小朋友在室外玩的照片问Ada老师："外面？"Ada回答说："是的，我们一会儿要去外面，你喜欢去外面吗？你还记得昨天玩得多有趣吗？"明哲看着Ada，然后开始皱眉头，安静了一会儿之后，Ada提示说："我们用了杯子和勺子。"明哲笑着说："水！"
>
> 对于一些成人来说，每天按着一样的顺序做同样的事情是很无聊的。但是对于婴幼儿来说，每天相似顺序的生活和经历能让他们预见每天的安排，甚至能让他们感到安慰。就像明哲一样，他知道在吃过点心之后要外出，这是因为他们每天都这么做。
>
> Ada老师利用解读照片的方式来帮助明哲强化对接下来做什么的记忆，并且让明哲知道这种可预见性的方式可以帮助他记得之前发生的事情（之前发生了什么），尤其是她用问问题的方式帮助明哲回忆并一次次提及此前的相同经历。

最后，一个设计良好的环境能让婴幼儿学会用不同的方式来获得解决问题的方法。学习同一种技能，不同的学习方式将给婴幼儿带来不同的经历，这些经历还能塑造他们的学习品质，包括记忆、坚持、主动、灵活性，从而影响他们的学习和发展。

三、良好的早期教育环境能为婴幼儿提供游戏的机会

游戏对于婴幼儿的成长以及促进他们在语言、认知和社交能力方面的发展都是很重要的。一个设计良好的环境能允许婴幼儿进行深度游戏，可以成为游戏的背景，为游戏提供内容、情景以及意义。

幼儿园之父福禄贝尔提出：游戏是儿童表达自我的最好方式，是儿童灵魂的表达。维果茨基认为，游戏通过分离事物的意义来鼓励抽象思考，例如：积木可以代替实物变成船、房子或者电话；游戏为学习提供支持以及更有力的脚手架；游戏鼓励自我对话，能更好地形成自律[①]。

此外，观察婴幼儿参与游戏类型可以帮助教师建立一个能够支持他们游戏的环境。我们必须保证婴幼儿在家中、早教机构和社区中都有充分的游戏机会。

四、良好的早期教育环境能减少婴幼儿的行为问题

当婴幼儿处于安全的、有持续良好关系的、能及时得到回应的并且有机会与同龄人建立良好关系的环境中，他们的身心会发展得更好。因此，我们可以说，良好的早期教育环境能减少婴幼儿的行为问题。早期教育环境帮助婴幼儿预防行为问题主要通过三种

[①] Johnson J E, Christie J F, Wardle F. Play, development, and early education [M]. New York: Pearson, 2005.

▲ 图1-5 私人空间
动物奇幻王国——希腊雅典Nipiaki Agogi 幼儿园中的私人空间，可以让婴幼儿进行安静的活动，例如阅读。

方式：第一，让婴幼儿经常积极地参与自己感兴趣的活动并发展适宜的新活动，处在这一环境的婴幼儿表现出了更少的行为问题。因为设计良好的环境能为他们提供不同发展水平的选择，符合婴幼儿不同的发展需要。第二，精心策划的环境能为婴幼儿提供私人空间，帮助他们管理情绪。第三，根据婴幼儿的行为表现，教师或家长可有针对性地设计环境，这样能够避免婴幼儿相同行为问题的出现。

如果发现了婴幼儿有行为问题，教师或者家长要先检查他们所处的环境，看是否能通过环境的改变来解决这个问题。

拓展阅读

早教机构如何预防婴幼儿的行为问题

- 考虑婴幼儿健康和安全的需要。
- 教师设计的学习区域，无论是室内或者室外，都要有能让小群体一起工作（活动）且不打扰到其他个人或群体的空间。
- 将区域分割开来，帮助婴幼儿集中注意力，并有足够的受保护的空间来游戏或阅读，如图1-5所示。
- 每个区域都要有有趣的、吸引人的材料，这样可以避免婴幼儿每次都聚集在同一个区域中。
- 预防婴幼儿因争夺材料出现争执，可以通过提供足够数量的材料来解决，尤其对于年幼的儿童来说，保证数量充足的同种材料是非常必要的。

- 给置物柜贴上标签,有利于婴幼儿寻找和有序地放置材料,并且置物柜要美观,这样可以引发婴幼儿探索的兴趣,以及形成爱护材料的行为。
- 降低空间的密度,即减少一个空间中婴幼儿的人数。因为过于拥挤的环境容易引发攻击性行为。

五、早期教育环境对婴幼儿发展的消极作用

环境对于婴幼儿的作用有时也会有消极的一面。因为相对成人来说,婴幼儿因年龄小,心理发展尚不成熟,活动和思维的独立性较弱,还不具备像成人那样对环境的辨别能力和改造能力,因此,他们受特定环境的影响更大。如果环境设计不考虑婴幼儿发展的适宜性或者年龄特点,不但不能促进婴幼儿的发展,反而会限制他们的身心发展,让其错过发展的关键期,并且容易引发攻击性行为等。

拓展阅读

动画片的是非功过

动画片作为儿童最喜爱的节目类型,在他们的童年生活中充当着一种非常重要的伙伴角色,尤其是随着儿童消费市场的扩大,动画片及其衍生品已经充斥在儿童生活的每一个角落。儿童的生活经验比较少,模仿能力又极强,且处于情感发展的关键期。动画中既有对他们情感品质发展有利的因素,同时也有不利于他们情感发展的因素。因此,研究动画片对儿童情感品质的影响对于儿童的健康成长有着重要意义。

研究发现,动画片中的暴力因素经常成为儿童模仿的对象。例如某些动画片不乏一些暴力镜头,包括行为暴力和语言暴力,并且这种暴力行为并没有得到相应的惩罚。而儿童喜欢模仿,解读信息的能力又比较弱,因而极有可能模仿片中的暴力行为。即使儿童不去模仿这种行为,也会在其心中埋下种子,可能会成为日后身心发展过程中不利的影响因素。此外,观看某些动画片还可能会使儿童产生恐惧感,原因在于某些动画片画面斗争激烈,包含了凶杀死亡等情节。广西脑科医院曾有这样一则病例,在暑假期间,一名儿童由于看了鬼怪动画片,不敢一个人在房间里待着,总是担心鬼怪会将他带走,以致最后家长不得不带他到医院做心理疏通。

思考题

1. 早期教育环境如何才能促进婴幼儿发展?
2. 什么样的早期教育环境会阻碍婴幼儿的发展?
3. 如果你来创设一个早教机构的环境,你会怎么做?

第二章 早期教育环境创设的理论基础

学习目标

1. 了解蒙台梭利、布朗芬布伦纳和马拉古奇关于早期教育环境的观点。
2. 熟悉霍华德·加德纳的多元智能理论。

内容脉络

早期教育环境创设的相关理论
- 蒙台梭利——有准备的环境
- 布朗芬布伦纳——生态系统理论
- 马拉古奇——环境是儿童的第三任教师
- 霍华德·加德纳的多元智能理论

早期教育环境创设是指在婴幼儿进入此环境前,教育者为其所做的环境设计与预备工作,这一工作分为空间设计规划和理论规划。其中,空间设计规划又分为三个步骤:概念设计、深化设计和施工设计。理论规划则是依据不同的教育理论布置不同的场景和教玩具,以实现不同的游戏活动和早教课程。

由于婴幼儿的学习环境是一个会"说话"的空间,因此,要特别重视情境、认知、活动与观察的互动,这样才能让婴幼儿在环境中自由探索。而教师和家长则可通过观察婴幼儿的活动来了解他们喜欢什么、擅长什么,理解他们的思维和学习方式,从而更好地发现和培育他们的天赋。

对此,教育家、心理学家等学者针对环境对婴幼儿发展的重要性和影响提出了不同的观点。这里,我们列举蒙台梭利、布朗芬布伦纳、马拉古奇和霍华德·加德纳对早期教育环境的相关理论。

第一节 早期教育环境创设的相关理论

许多专家和学者在环境的作用这一问题上都持有自己的观点,但究其根本便会发现，关于这一问题的大部分观点是相似的，如蒙台梭利、布朗芬布伦纳、马拉古奇和霍华德·加德纳，他们都肯定了环境对儿童发展的重要性。

一、蒙台梭利——有准备的环境

在蒙台梭利的理论中，有准备的环境是指教学者为不同年龄的儿童准备适合的材料和设备，环境中充满真实与自然的物品，同时也充满爱与温暖，置身其中的儿童能自由地进行活动与选择，并进行有意义的学习。

▲ 图2-1　近北蒙台梭利学校为婴幼儿提供的有准备的环境

蒙台梭利率先倡导给儿童提供有秩序的、干净的、符合美学的环境，她主张教育的目的是帮助儿童整体发展，包括感官动作、智能、语言和道德发展等，使儿童成为一个和谐健全的个体。在这个过程中，最重要的是让儿童通过工作开启自然的天赋。工作不仅影响儿童感官、动作与心智的发展，更能帮助儿童建构健全的人格。

因此，蒙台梭利认为，成人应该以儿童为中心，为儿童预备一个符合其需要的且包含适当刺激的真实环境，即有准备的环境，像家一样充满快乐和温馨，并能提供儿童发展所需要的活动和练习，以发展他们对于自由与纪律的认知，以及从混龄的社会生活中学习彼此尊重和照顾。她还将环境比作人的头部，并以此来强调环境对儿童的重要性。因为人类的一切成长都与头部有关，它是发号施令者，控制着生理与心理的发展成熟度[①]。在教育上，后天良好环境的影响能够弥补个人先天的不足，诱发内在的潜能，使得人性导向正常化方向发展。这种有准备的环境主要包含三点要求：有秩序、适合儿童的身高和比例、美观而实用。

二、布朗芬布伦纳——生态系统理论

布朗芬布伦纳是生态理论的创始人，他强调多重环境对人类行为的影响，将环境分为一层套一层的五个系统：微观系统、中间系统、外观系统、宏观系统和时间系统，如图2-2所示。

---

① 单伟儒.蒙特梭利教学理论与方法简介（修订本）[M].台北：蒙特梭利文化事业股份有限公司，1988.

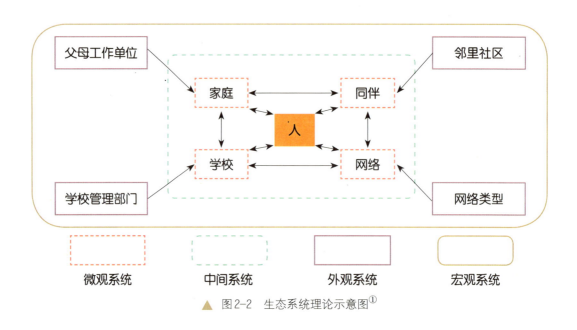

▲ 图2-2 生态系统理论示意图①

环境层次的最里层是微观系统，是指个体活动和交往的直接环境，这个环境是不断变化和发展的。对大多数儿童来说，微观系统仅限于家庭。随着儿童不断成长，活动范围不断扩展，幼儿园、学校和同伴关系不断被纳入儿童的微观系统中。

第二个环境层次是中间系统，是指各微观系统之间的联系或相互关系。布朗芬布伦纳认为，如果微观系统之间有较强的积极的联系，其发展才可能实现最优化。相反，微观系统间的非积极的联系会产生消极的后果。例如，儿童在家庭中与兄弟姐妹的相处模式会影响到他在学校中与同学的相处模式。

外观系统是指那些儿童并未直接参与但却对他们的发展产生影响的系统。例如，父母的工作环境就是外观系统的影响因素，因为儿童在家庭的情感关系可能会受到父母是否喜欢自己所从事工作的影响。

宏观系统指的是存在于以上三个系统中的文化、亚文化和社会环境。它实际上是一种广阔的意识形态。在不同文化中，这些观念是不同的，但是这些观念存在于微观系统、中间系统和外观系统中，直接或间接地影响儿童知识经验的获得。

时间系统也称作历时系统，强调考察儿童的发展变化需要结合时间和环境来综合考量。婴儿一出生就置身于一定的环境之中，并通过自己本能的生理反应来影响环境。通过行为（如哭泣）来获得生存所必需的物质。另一方面，婴儿也会根据外界环境来调节自己的行为，比如冷暖适宜时会微笑。随着时间的推移，儿童生存的微观系统环境不断发生变化。引起环境变化的可能是外部因素，也可能是人自己的因素，因为人有主观能动性，可以自由地选择环境，而人对环境的选择是随着时间不断推移、个体知识经验不断积累的结果。布朗芬布伦纳将这种环境的变化称为"生态转变"，每次转变都是个

---

① Bronfenbrenner U. The Ecology of Human Development: Experiments by Nature and Design [M]. Boston: Harvard University Press, 1979.

体人生发展的一个阶段，如升学、结婚、退休等，而布朗芬布伦纳提出的时间系统关注的正是人生的每一个过渡点。

三、马拉古奇——环境是儿童的第三任教师

马拉古奇是瑞吉欧教育体系的创立者。在瑞吉欧·艾米莉亚（Reggio Emilia）看来，教师应基于儿童来建构教育环境和活动，即环境和活动要依据儿童的需要和兴趣而不断地进行调整与修正。儿童被看作是唯一的、好奇的、有能力的、有潜力的、寻找关系的、积极的知识建构者和儿童权利的所有者。

马拉古奇认为，环境是儿童的第三任教师，因此，一个好的环境通常具备以下特点：

- 美观的：包括美观的材料和空间。儿童和成人需要关注环境的每一个细节，包括每一个角落、每一面墙、每一扇门或每一块地板。
- 高度个性化的：反映了当地的文化，可以通过照片、材料、艺术品和文字来表现。
- 提供积极学习：设计良好的环境能为儿童提供丰富的选择机会以及大量开放性的材料，并鼓励儿童与材料互动。
- 鼓励儿童以自己的方式来展现自己的想法。
- 提供了互动性，环境不是被动的：欢迎儿童、家庭和教师的参与，并将他们看作教育的三个主体，在环境中还可以发展各种际遇、交流和关系。
- 提供了丰富的感觉经验，鼓励儿童通过身体来调查和发现。
- 将外在的自然世界和社会世界融入教育中，保持与外在世界的一致性。例如，光是无处不在的，光可以透过窗户照射在墙上和房间里，同时还会产生很多不同的光影效果，方便儿童去探索光影。

▲ 图2-3 光的探索

这是一家瑞吉欧教育体系下的机构。

从以上三种环境与儿童成长观中不难发现：环境对于儿童的发展与成长而言，占据着极其重要的地位，并且在创设环境时，成人必须考虑儿童现有的发展水平和发展需要。

第二节 霍华德·加德纳的多元智能理论

霍华德·加德纳被誉为多元智能理论之父，他于1983年参与美国哈佛大学零点项

目研究期间提出多元智能理论[①]。多元智能理论认为，每个人身上都有八种不同的智能：语言智能、音乐智能、空间智能、自然观察智能、逻辑数学智能、自我认知智能、人际认知智能、身体动觉智能。每个人都拥有这些智能，只是组合的形式不同，而不同的环境刺激可能会产生不同的智能组合机制。

多元智能理论反驳了传统智力理论。加德纳认为，智力测验把人进行了分类并贴上了标签，以此判断人的弱项和短处而非长处。然而智力并不是一个容易"被测量"的东西，"智商"测量的仅仅是语言和逻辑数学，如果一定要去测量智力，那么应当侧重于该智力所要解决的问题或在运用该智力时表现出的创造性能力，比如一个音乐智能高的人去测量智力，显示智商平常，但是他在音乐上的非凡创造力让他成为杰出的音乐家；画家、心理学家、手工艺者等，他们都在某一个领域有杰出表现和创造力，但在测量智力时往往无法显现。

根据加德纳的观点，"多元"不仅相对于单一智能论而提出的人类智能的多样性，它还指出智能组合也是有千差万别的。[②③]在1983年出版的《智力的结构：多元智能理论》一书中，加德纳把智力定义为"是在某种社会和文化环境的价值标准下，个体用以解决自己遇到的真正难题或生产及创造出某种产品所需要的能力"。而"优势智能"是指人在处事和遇到难题时习惯采用或是最擅长应用这种智能思考和解决困难与问题的能力。人们通常把优势智能称为天赋，即"泛指在某些方面超过同类的形式"。

婴幼儿的"优势智能"可解释为：在婴幼儿自身发展过程及解决生活中问题时所应用的各项能力当中，超过其他能力的、他们自身更善于应用的智能。每个婴幼儿都有自己的优势智能，即使两个婴幼儿都在相同智能上显示了优势，他们的此项优势智能也有着内在区别。

研究认为"优势智能"在婴幼儿身上体现出三个特点：

第一，"优势智能"是持续发展的。儿童在婴幼儿时期显现的优势智能不会停止在一个状态。随着儿童在解决问题的过程中和日常生活中对这一优势智能的不断应用，此项智能也能够逐渐发展，成为他们独特的天赋。

第二，"优势智能"是可变化的。在婴幼儿时期，有些暂未显现的智能不一定始终是非优势智能。在儿童成长的过程中，其他暂时看上去非优势的智能通过练习和应用，有可能会在某一特定时期逐渐显现，成为"优势智能"。

第三，因"势"利导才能更好地"顺强补弱"。以"优势智能"为入口，往往能更好地帮助儿童建立自信心，带动他们的其他各项智能的全面发展，为其未来的学习和成长找到最佳入口和方法。

一、语言智能

语言智能（linguistic intelligence）是指用言语思维、语言表达和欣赏语言深层内涵的

[①] 霍华德·加德纳.智能的结构[M].沈致隆，译.杭州：浙江人民出版社，2013.
[②] Gardner H, Hatch T. Multiple Intelligences Go to School: Educational Implications of the Theory of Multiple Intelligences [J]. Educational Researcher, 1989, 18(8): 4—10.
[③] 霍华德·加德纳.多元智能新视野[M].沈致隆，译.北京：中国人民大学出版社，2008.

能力，也就是人有效运用口头语言或书面语言的能力。这项智能包括把语言的结构、发音和意义等知识结合起来并运用自如的能力，亦涉及人们对口头语言和书面语言的敏感程度，学习多种语言的能力以及使用语言达到某个目的的能力。一般来说，律师、演说家、作家、诗人和教师通常都是具有较高语言智能的人。

语言能力强的人在说明一项事物时，能够讲得条理分明、深入浅出，并适时列举恰当的例子，让人一听或一读就懂；他可能很擅长以言语带动他人的情绪或说服别人接受自己的观点；还可能很善于运用语言记忆信息或讲述语言本身。

▲ 图2-4 两岁的幼儿在阅读绘本

语言智能突出的儿童擅长通过说话、倾听和阅读来学习。语言智能强的儿童会表现出如下的特点：

- 喜欢听故事、猜谜语。
- 能说出成人讲话的要点，而且能恰当回应。
- 词汇比较丰富，能够比较准确地表达自己的想法和愿望。
- 喜欢讲笑话、故事、说绕口令等。
- 喜欢模仿人和动物的语言和声音。
- 喜欢阅读儿童图书，对汉字感兴趣。
- 很容易掌握新的语言，如其他地区的地方话、外语等。
- 有很好的记忆力，能记得听过的故事、日常身边发生的事等。

二、音乐智能

加德纳在《智力的结构：多元智能理论》一书中将音乐智能放在第二位进行分析，可见他对音乐智能的看重。在加德纳看来，音乐和语言一样都有久远的发展史，而且他们可能源于同一种表达媒介——声响的表达。按照加德纳的观点，在个体可能具有的天赋中，音乐天赋是最早出现的。

音乐智能（musical intelligence）是指人敏锐地感知音调、旋律、节奏和音色等，并运用于表演、欣赏和创作乐曲

▲ 图2-5 培养幼儿音乐智能的玩具小钢琴

中的智能，即察觉、辨别、改变和表达音乐的能力。音乐智能强的人，为大众所熟知的有歌唱家、音乐爱好者、音乐评论家、作曲家、音乐演奏家等。

音乐智能强的儿童经常会不由自主地哼唱曲调，一听到音乐，他们马上就会随着音乐一起唱或随着音乐的节奏摇动身体。他们中的很多人会演奏某种乐器，或是参加了学校的乐队、合唱团，但是也有些儿童并不是以表达的方式，而是以欣赏的方式来体现音乐才能的。他们对乐曲或歌曲的内涵有深刻的理解，能产生共鸣；他们对声音很敏感，有时别人听不到的细微声音，他们也可能会听到。这样的儿童会表现出如下的特点：

- 能分辨和模仿周围环境中的噪声和大自然的声音，如汽车喇叭声、火车鸣笛、下雨声、各种动物的叫声等。
- 喜欢跟随音乐，自然地打节拍。
- 能随音乐节奏跳舞，动作合拍、协调、优美。
- 喜欢摆弄乐器。
- 容易学会一首歌，唱歌时音调准确、表情自然、吐字清晰。
- 能较快掌握一种乐器的演奏方法，能分辨不同乐器演奏的音色。
- 能在音乐游戏、歌唱、乐器演奏中即兴创编和表演。
- 能较准确听出同伴唱歌和演奏走调的地方。
- 能感受不同曲类的风格差异，比如摇篮曲、进行曲和舞曲。

三、空间智能

加德纳认为，空间智能作为一种有悠久历史的智能，很容易从现有的一切人类文化中观察到。这种智能在诸多科学领域的发展中都起到了重要的促进作用。科学家和发明家在进行科学研究时，经常借助于鲜明的形象来解决问题，如凯库勒发现苯的环状结构就受到扭曲的蛇形象的启发，还有DNA的双螺旋结构的发现也与之有异曲同工之处。在艺术方面，空间思维的重要性显得尤为突出，绘画、雕塑、设计等都是需要人对视觉和空间的世界有极敏锐的感受。那些世界美术史上的大师们或靠天赋或借助有目的的练习，使自己具有精确的视觉记忆和再现的能力，从而为我们创造了无数伟大的作品。而在不同的文化和种族的生活中，空间智能也在扮演着重要的角色。

空间智能（visual-spatial intelligence）是指人们利用三维空间的方式进行思考的能力，是在脑中形成一个外部空间世界的模式并能够运用和操作这一模式的能力，也就是能准确地感觉视觉空间世界、辨别空间方向（如：猎人、侦察员或向导等），并把所知觉到的表现出来以及用图画表达头

▲ 图2-6 幼儿在合作搭建积木乐园，教师在旁观察和引导

脑中想象的概念（如：室内装潢师、建筑师、艺术家等）的能力。这项智能包括对色彩、线条、形状、形式、空间及它们之间关系的敏感性，这其中也包括将视觉和空间的想法立体化地在脑海中呈现出来，以及在一个空间的矩阵中很快地找出方向的能力。空间智能使人能够知觉到外在和内在的图像，能够重现、转变或修饰心理图像，不但能够使自己在空间中从容游走，有效地调整物体的空间位置，还能创造或解释图形信息。水手、工程师、外科医生、雕刻家、画家等都是具有高度发达的空间智能的例子。这方面能力发达的人，善于通过想象进行思考，对视觉空间的感受性强，能从不同角度和层面来重塑空间。

空间智能强的儿童，很清楚屋子里的东西都放在哪里，也很会找东西。他们对教室设计的变化很敏感，能最先注意到教室内摆设的变化。他们喜欢玩拼图、爱画画。他们书中的空白处可能填满了自己的作品。他们爱设计东西、玩模型。他们喜欢摆弄机器，家里的玩具会被他们拆掉。这些儿童会表现出以下特点：

- 方向感强，善于识别路线，能明确前后左右、东西南北等空间方位关系。
- 喜欢看地图和地球仪，喜欢探究不同城市、国家的位置关系。
- 喜欢阅读图画书，并喜欢用图画表达自己想象的事物或故事情节。
- 喜欢进行拼图、走迷宫等空间视觉活动。
- 喜欢进行搭积木、捏橡皮泥等立体三维建构的活动。
- 对颜色敏感，喜欢绘画，能合理运用色彩、构建空间来突出主题。
- 空间视图感觉好，能看懂立体构图、玩具积木构图，能分辨图片和照片上物体之间的空间位置关系等。
- 喜欢看电影、幻灯片或其他视觉刺激的表演形式。
- 喜欢幻想，想象生活中事物的不同结局，或天马行空地想象宇宙中未知的事情。

四、自然观察智能

自然观察智能（naturalist intelligence）是指观察自然界中事物的各种形态，对物体进行辨认和分类，能够洞察自然或人造系统的能力。它在1995年才正式被加德纳教授列入人类智能表现中的第八种智能。加德纳认为，这种智能的核心是一个人能够辨识植物，对自然万物分门别类，并能运用这些能力从事生产。

自然观察智能强的儿童具有以下特征：

- 爱好大自然，有爱护环境、爱护动植物的意识和行动。
- 喜欢饲养小动物，关心它们的生长，能分辨常见的动物。
- 对四季天气的变化、雷电风雨等自

▲ 图2-7 让婴幼儿亲近自然可以提升他们的自然观察智能

然现象有浓厚的兴趣和探求的欲望。
- 喜欢辨别植物的种类，对它们的形状、颜色、气味等比较敏感。
- 对自然界的某些事物有特别的兴趣，如收集树叶、石头、蝴蝶标本等。
- 喜欢参加户外的种植、采摘等活动，对植物生长特别好奇。
- 善于观察事物，比其他儿童更容易捕捉事物细节变化。
- 对《动物世界》之类的有关大自然的电视节目有浓厚的兴趣。

加德纳认为，发展人的自然观察智能并不一定局限于自然世界，因为自然观察智能的本质是人对周围世界，包括自然和人文的观察、反映、联结、综合并条理化的能力。从这种观念出发，培养自然观察智能就是要创造环境，使儿童能够理解事物之间的联系。教师要引导儿童学会观察周围的世界，多与自然接触，多到博物馆去学习，要给他们提供机会亲身实验并主动摸索自然界的规律。

五、逻辑数学智能

加德纳认为，逻辑数学智能与语言和音乐智能不同，它不是发源于听觉和声音的领域，而是起源于人与对象世界的相遇：在与对象的相遇中，在安排与重新安排他们，在估计他们的数量时，才获得了逻辑——数学领域最初的、最基本的内容。

在论述逻辑数学智能时，加德纳借鉴了皮亚杰的研究。加德纳认为，皮亚杰对逻辑数学智能的发展研究非常杰出，因为后者从儿童对物质世界的行为中找到了逻辑数学智能的根源，并通过对儿童发展的论述揭示了逻辑数学智能的本质。尽管有专家认为逻辑和数学是两回事，但加德纳却认为逻辑和数学虽然有不同的发展历史，但是它们现在走在一起了。要想在两者之间划一条分界线是不可能的，它们的区别就像男孩子和男人的区别一样，逻辑是数学的青年阶段，而数学是逻辑的成人阶段。

逻辑数学智能（logical-mathematical intelligence）是指人能够计算、量化、思考和假设命题，并进行复杂数学运算的能力，是有效地运用数字和逻辑推理以及科学分析的能力。这项智能包括对逻辑的方式和关系、陈述和主张（假设、因果等判断）、功能及其他相关的抽象概念的敏感性。用于逻辑数学智能的各种方法包括：分类、分等、推论、概括、计算和假设检验。常见的逻辑数学智能强的人有数学家、会计师、统计学家、科学家、电脑程序员或逻辑学家。

逻辑数学智能强的儿童习惯抽象思考，他们喜欢探索事物的模式、类别和相互关系；他们会主动地、有计划地、有秩序地改变环境，验证种种不同的可能性，会主动思考并质疑各种自然现象。逻辑数学智能强的儿童会有如下表现：

▲ 图2-8　两名幼儿在玩棋类游戏

- 喜欢和同伴做比较大小、多少以及排序的游戏。
- 对数字运算活动感兴趣,心算能力较强。
- 对时间的概念清晰,时间早晚、先后关系明确。
- 喜欢根据长短、粗细、宽窄、几何图形等关系将事物分类,并能说出分类的依据和特征。
- 喜欢玩纸牌、下棋、玩电脑游戏等与逻辑推理有关的活动。
- 喜欢问为什么,并努力寻求答案。
- 喜欢看侦探故事片,清楚人物关系、故事情节的发展变化等。
- 喜欢做科学实验,有强烈的探求欲望。

六、自我认知智能

加德纳认为,在人格的发展中有两个发展方向,一个是人内在方面的发展,另一个是转向外部、转向其他个体的发展,向内在方向发展的就是自我认知智能,而转向外部的就是人际关系智能。

自我认知智能(intrapersonal intelligence)是指关于构建正确自我知觉的能力,并善于用这种知识计划和导引自己的人生,或者说有"自知之明",并据此做出适当行为的能力。这项智能包括对自己的了解,例如自己的长处和短处,意识到自己的内在情绪、意向、动机、脾气和需求,以及自律、自尊、自控的能力。自我意识智能强的人能深入探索自己的内心世界,分辨自

▲ 图2-9 两岁的幼儿在边刷牙边观察自己

己的心理状态,理解自我的内在感情,并根据对自我的了解来调节自己的行为。

自我认知智能强的儿童个性比较强,他们往往不喜欢群体活动,喜欢自己独处,喜欢以记日记的方式表达自己内心深处的秘密,他们一般都有自己清晰的目标,会为自己心中的目标而努力。自我认知智能强的儿童会有如下表现:

- 做事情很专注,如在看书时能坚持较长的时间,并能排除干扰。
- 能积极评价自己的优缺点,并说出理由。
- 遇到问题时,能积极想办法,失败后也愿意继续努力。
- 自己选择游戏,并对该怎么玩有自己的想法。
- 生活中会关心、帮助、爱护他人。
- 自理能力较强,自己的事情愿意自己做。
- 一般情绪状态良好,遇上不愉快的事能够及时调整情绪。
- 能自觉遵守规则,如能遵守公共礼仪、维护环境卫生、配合游戏规则等。

- 做错事后，能虚心接受建议，承认错误，并能从中吸取教训。

七、人际认知智能

人际认知智能（interpersonal intelligence）是指能够有效地理解他人并与之交往的能力，是一个人在与他人交往的过程中，察觉并区分他人的情绪、意向、动机及感觉的能力。这包括对面部表情、声音和肢体动作的敏感性，以及辨别不同人际关系的暗示并能够对这些暗示做出适当的反应。

人际认知智能强的人，往往能察言观色、善解人意，与人相处融洽，通常还有很好的组织能力和领导能力。成功的销售商、政治家、教师、心理医生等都是拥有高度人际认知智能的人。

人际认知智能强的儿童了解别人的能力很强，他们善于组织、沟通甚至控制他人。他们能很准确地了解别人的想法和意图，因而更容易成为群体的领导者，也更容易成为群体的协调人。这样的儿童常常有如下表现：

▲ 图2-10　2～3岁的幼儿在玩过家家

- 有几个固定的好朋友，喜欢参加集体活动并能维护集体荣誉。
- 在与同伴一同参加的游戏活动中，常是活动组织者。
- 能感受他人（如：伙伴、家长、教师等）的情绪变化，并适时调整自己的行为。
- 与人相处时，能使用适宜的礼貌用语，举止文明大方。
- 能熟练运用语言、表情和行为等来表达自己的想法和感情。
- 擅长模仿学习，乐于倾听他人的想法和建议。
- 能帮助调解其他小朋友之间的纠纷。

八、身体动觉智能

对于人类而言，熟练运用身体一直是十分重要的能力。身体动觉智能（bodily-kinesthetic intelligence）是指善于控制身体运动，善于运用身体动作表达思想和情感，以及运用双手灵巧地操作物体的智能。这项智能包括特殊的身体技巧，如：协调、平衡、敏捷、力量、弹性和速度，以及自身感受的和由触觉引起的能力。舞蹈家、运动员、外科医生、手工艺大师等都表现出高度发达的身体动觉智能。

很多人习惯通过触觉和运动过程来理解和记忆信息。海伦·凯勒的事迹告诉我们，触觉学习是多么重要，尽管我们没有像她那样失去视觉，但有些儿童确实是触觉运动神经通路比其他通路更有效。他们要以动手摆弄物体和亲身体验去学习、理解，如果掐断这条通路，只让他们借助听和看学习，就会非常困难。按皮亚杰的理论，对所有年幼的儿童来说，感觉运动学习是他们最重要的学习方式。

身体动觉智能强的儿童适合通过身体感官进行学习，他们好动，坐不住，在他们之中有些擅长舞蹈，有些喜欢表演、模仿，有些爱做手工。他们很会通过手势、身体动作与别人沟通。如果没有机会运用他们的运动智能，他们可能在教室中表现出过分好动的行为。这些儿童通常表现出这样的特点：

▲ 图2-11　舞蹈房里的女孩

- 喜欢体育活动，手脚动作协调性好，身体灵活、反应敏捷、平衡性好。
- 喜欢模仿人和动物的行为与姿态。
- 喜欢手工制作，如剪纸、组装机械模型、搭积木等活动。
- 喜欢用身体和触觉来感受物体，如触摸、摆弄、拆装物品等。
- 能很快掌握动作要领，如在跳舞、做律动、体操等活动中表现突出。
- 喜欢用肢体语言表达自己的感受，如说话时手舞足蹈、做鬼脸，或随着音乐起舞等。

此外，关于智能的性质，加德纳认为尽管在各种环境和教育条件下个体身上都存在着这八种智能，但不同环境和教育条件下个体的智能发展方向和发展程度却有着明显的差异性。多元智能尊重儿童的个体差异，相信每个儿童都有不同的能力，且以不同的方式展示出来。[①]因此，加德纳认为在正常条件下，只要有适当的外界刺激和个体本身的努力，每个儿童都能发展和加强自己的任何一种智能，他们的潜能一定可以为自己创造出不同的成功机会。我们把这种潜能或强项的智能表现出来的独特能力理解为天赋，即在某些事物或领域具备天生擅长的能力，比如你一开始做某件事就能够毫不费劲地比别人做得更好。

借鉴多元智能理论创设早期教育环境，其独特的意义在于，把环境和材料按照年龄和智能进行分类，让婴幼儿自由探索、自主游戏。此时，婴幼儿是环境真正的主人，他们自己决定在每个区域玩什么、怎么玩、玩多久，对玩具的选择以及游戏规则和游戏时间也都由婴幼儿自己确定，成人只是在婴幼儿遇到解决不了的问题时给予一些必要的支持。细心观察婴幼儿对每个区角、每件玩具的热爱和擅长的程度，记录他们在每个区域

---

① Gardner H. The Unschooled Mind: How Children Think and How Schools Should Teach[M]. New York: Basic Books Inc, 1991.

玩的过程中是如何运用自己不同的智能结构来完成游戏和解决问题的。我们会发现，孩子都具有自己独特的"天赋"。

九、多元智能与全面发展

上文将多元智能分开阐述，认为每个人的智能及发展是有差异的，而且在实践中也比较强调尊重婴幼儿个性化的发展，发现优势智能，满足其优势智能的发展需要。但更重要的是能够从优势领域开始，引导婴幼儿的全面发展。因为任何一个游戏、任何一个探索的环境对婴幼儿的发展往往都是多领域的、综合的，甚至是全面的支持。不能机械地理解多元智能理论，尤其不能把多元智能理论对婴幼儿发展的理解，简单地割裂为各个智能区及其组合。正如加德纳所说："每个人都具有全面的智能光谱，并且智能优势是通过经验、练习或其他方式随时间发展而变化的。"①

因此在实践中，多元智能的划分并不意味着将不同的智能分成不同的智能区。婴幼儿的学习具有综合性，全面发展是教育的重要目的。成人要运用恰当的支持策略，借助优势智能来带动婴幼儿其他方面的发展，从而促进婴幼儿的全面发展。

思考题

1. 蒙台梭利所说的有准备的环境指的是什么环境？
2. 布朗芬布伦纳的人类生态系统理论中与婴幼儿关系最密切的系统是什么？
3. 马拉古奇为什么说环境是儿童的第三任老师？
4. 结合加德纳的多元智能理论，评价以下案例中教师的行为。

小爱是个很讨人喜欢的孩子，她今年3岁了，今天是她去早教机构的第一天。在这之前，小爱妈妈带小爱去测了智力，测试的结果并不令她满意，相比朋友孩子的高分数，小爱的智力显得有些一般。所以妈妈选择赶紧送小爱去早教机构，希望能让她变聪明。这天，小爱看到老师就笑着说："老师好。"然后就跑去玩玩具了，这时妈妈小声地对老师说："不好意思，老师，我家孩子不太聪明，我前几天带她去测智力，只是一般的水平，以后就多麻烦您了。"老师说："不用担心，我看小爱很聪明呢！是个懂礼貌的孩子，智力测试测的只是她的一方面而已。"

---

① 陈杰琦，西娜·莫兰，霍华德·加德纳.多元智能在全球［M］.多元智能学会，译.北京：中国人民大学出版社，2010.

第三章 早期教育环境创设的原则

1. 了解不同教育理念对环境创设的影响。
2. 掌握早期教育环境创设的原则。

早期教育环境创设的原则
- 安全为先
- 保教结合，保育为主
- 情感渗透
- 鼓励婴幼儿参与
- 鼓励婴幼儿自主选择、主动探索
- 技术的融合

环境的创设反映了教师或家长的价值观以及他们所预期的学习效果。在不同的教育理念下所创设出的学习环境是不一样的。一个教室中，如果桌椅摆放整齐，教玩具都放置在高高的橱柜中，墙上只有一些名人名言，一看便知这是一个以教师为主导的机构，其所倡导的可能是读写和运算类型的学习活动，在该理念下所创设的学习环境往往不能充分地给予儿童自由探索的机会。相反的，另一种以儿童为导向的理念所创设出的学习环境，呈现的将是另外一种面貌。因此，环境创设的理念将会影响儿童的发展。

考虑到婴幼儿的年龄特征，我们为其创设的早期教育环境既要有保育的性质，又要具有教育的性质。这就意味着教育者需要根据教育的目标和婴幼儿身心发展的规律以及需要，充分挖掘和利用婴幼儿生活环境中的教育因素，并创设能让婴幼儿与环境积极作用的活动场景，把环境因素转化为教育因素，促进婴幼儿的身心发展。

虽然不同的教育方案会有不同的教育理念，但是仍有其共通之处。这些基本的婴幼儿教育理念包括以下几点：

- 安全为先。
- 以婴幼儿为主体，考虑婴幼儿的发展需要，兼顾保育和教育功能。
- 设计多功能的区角，提供多样化的学习活动，并鼓励婴幼儿进行自发性的学习。
- 不同年龄组的婴幼儿，其发展适宜性是有差别的，要兼顾个别和团体的需求，同时还要考虑特殊儿童的发展需要。
- 环境整体规划要符合相关的教育理论原则，要有丰富性、层次性和多样性，动静空间的规划要得当，并且空间使用要富有弹性和可变性。

因此，早期教育环境的创设是一种融多门学科于一体的创造性活动，它不仅要满足婴幼儿对环境的各种需要，注意环境的外观造型及表面特点，而且还要注意环境的整体结构和内在功能。因此，早期教育环境创设的原则主要有六个方面：安全为先；保教结合，保育为主；情感渗透；鼓励婴幼儿参与；鼓励婴幼儿自主选择、主动探索；技术的融合。

第一节 安全为先

环境创设中的因素和材料的选用，都要以婴幼儿的安全、健康为先。比如，早期教育环境中设施设备的边角应避免尖角，这样可以在一定程度上减少危险的发生。此外，一个设计良好的环境还应该要保障其中的空气质量、密度高低、噪音水平以及材料的安全性符合一定的要求。

一、空气质量

设计环境时，我们首先必须关注的就是室内的空气质量问题。如果空气质量差，这有可能会导致人体长期或短期的健康问题。婴幼儿的新陈代谢快且又比较好动，他们的呼吸频率也就相应更快，通常会比成人呼吸更多的空气，因此，他们相应地会受到更多的不利影响，例如引起上呼吸道感染、恶心、头晕、过敏反应等症状。然而，空气质量是可以通过人为的努力来提高的。我们在创设环境时，主要可以通过以下三点来提升空气质量。

（一）减少污染物

现有生活环境中的污染物主要包括二氧化碳、甲醛、细菌、烟雾、灰尘、尘螨、霉菌等，还包括一些清洁用品，比如含磷的洗涤剂。早教机构应以保障安全为先，远离污染源。环境、空气和物体表面等经检测应符合《托幼机构环境、空气、物体表面卫生要求及检测方法》（DB31/8）的有关标准要求。

现在一些早教机构选用的是"绿色"的建筑材料、清洁用品和修饰产品，从而尽可能地减少污染物，例如，教师使用醋和小苏打来代替有毒的清洁用品。此外，早教机构还应建立健全的卫生消毒管理规章制度，采取有效的消毒管理措施，坚持定期对室内空气进行消毒杀菌，这样才能有效净化空气，改善卫生状况，切断疾病的传播途径。

（二）控制湿度

理想情况下，室内的湿度范围应在40%～70%。因为高湿度容易产生霉菌，导致室内空气质量变差，进而引发婴幼儿的过敏反应，而低湿度会造成婴幼儿呼吸、消化等器官管腔内壁黏液的大量损失，从而导致其防御疾病能力的降低。

（三）让空间充分通风

确保充分通风也是保障空气质量的一个重要措施。除了向室内输送新鲜空气外，通风还可以稀释或去除污染物。因此，我们可以通过打开窗户或利用通风系统为室内通风。刘天福从室内二氧化碳、细菌总数、气温、相对湿度等多个方面对三门峡市医疗机构和托幼机构的环境卫生质量状况进行了调查。调查发现,活动室中的空气污染最严重。因为这些场所是婴幼儿日常娱乐、学习的地方,所以更应该加强对环境卫生的消毒管理工作。[1]

二、密度高低

在设计环境时还需考虑的另一个方面就是密度问题。密度包括社会密度(教室内儿童的数量)和空间密度(教室的大小),但对二者来说,都需要界定环境中资源(包括玩具、游戏区域等)的可利用性问题。研究者将密度分为高密度和低密度。[2]

(一)高密度

在环境密度的研究中,我们将高密度界定为每个婴幼儿仅有1.42～2.32平方米的空间。高密度水平会增加某些婴幼儿的破坏行为,同时导致其他婴幼儿的心理退缩。此外,高密度教室中的婴幼儿更倾向于进行独立游戏,从而导致他们之间积极的社会互动减少,他们在游戏中也显示出较差的注意力与专注力,而拥挤对于有特殊需要的婴幼儿来说尤其有害。如果因为条件有限房间很小,我们可以通过添加阁楼来增加空间,或者将区域的隔断设计成可收放的。因为当空间比较小的时候,如果区域隔断是可变化的,就使得弹性空间相对变大,婴幼儿的活动空间也会相对变大。除了隔断物的设计,充分利用好公用的空间也是一个不错的方法。此外,还可以充分利用好墙面和柜面,这些地方同样可以变成婴幼儿游戏、娱乐的区域。婴幼儿可以在墙面的瓷砖上进行绘画、涂鸦、撕贴等活动,还可以将一些可操作的材料放置在墙面上进行数学活动,如走迷宫、找图形、按数取物等。婴幼儿只需要坐在小椅子或地垫上就可以操作,同时又简单而有效地利用了墙面。

此外,教师还可以通过有效的分组来满足婴幼儿的需求,并以此降低密度。教师需要仔细规划每个学习中心所需的空间,当受欢迎的中心空间过小时,就很容易发生拥挤现象。一些教师通过为每个区域设置一个登记系统来控制人数。例如,如果婴幼儿要使

▲ 图3-1 充分利用墙面空间

---

[1] 刘天福.三门峡医疗、托幼机构室内卫生质量影响分析[J].河南预防医学杂志,2004(3):165—166.
[2] Liddell C, Kruger P. Activity and social behavior in a South African township nursery: Some effects of crowding[J]. Merrill-Palmer Quarterly, 1987: 195—211.

用美术区域，他们就要将自己的名字挂在这一区域的钩子上，当所有的钩子都满了，即表示该区域的人已经满了。此外，教师还可以通过材料的数量来控制人数。例如，木工台上只放置两个护目镜，当上面的护目镜都被人戴了的时候，婴幼儿就会意识到，里面的人满了，他们不能再进去了。

（二）低密度

一般而言，低密度空间的人均面积是高密度空间的2～5倍多。在剔除了活动室的基本空间（包括办公场所、家具、区角）之外，每个婴幼儿享有的空间在4.65平方米以上。低密度的空间会促进3岁婴幼儿心理弹性的发展[①]，但是过低的空间密度，也会使得婴幼儿同伴减少，影响他们的社会互动，同时带来更多的行为问题。

拓展阅读

《上海市3岁以下幼儿托育机构设置标准（试行）》有如下规定：

单个托育机构的规模不宜过大，应当有利于3岁以下尤其是2～3岁幼儿的身心健康，便于进行照护和日常管理。

（1）托育机构建设规模宜符合表3-1要求。

表3-1 托育机构的规模

分 类	班级数	人 数	服务居住人口（人）
全日制/半日制托育机构	5～7	（81～140人以内）	3001～6000
	3～4	（41～80人以内）	
计时制托育机构	3～4	（41～80人以内）	小于3000
	1～2	（20～40人以内）	

（2）托育机构的单班规模应符合表3-2规定要求。

表3-2 托育机构的每班人数

机构类型	幼儿年龄	人数（人）
全日制/半日制托育机构	18～24个月	10～15
	24～36个月	15～20
计时制托育机构	18～24个月	5～10
	24～36个月	11～20

注：招收24个月以下幼儿的班级不应超出15人，招收2～3岁幼儿的班级不应超出20人。

[①] Bradley R H, Whiteside L, Mundfrom D J. Early indications of resilience and their relation to experiences in the home environments of low birthweight, premature children living in poverty [J]. Child development, 1994, 65(2): 346—360.

三、噪音水平

高噪音水平可能会导致婴幼儿听力损失，但较低的噪音水平也需要调节。因为较低的噪音水平会对人的记忆力、注意力、语言交流，尤其是阅读和言语的发展产生负面影响。此外，噪音水平会受到背景噪音和房间中回响的影响。虽然噪音可能来自外部因素，但教室中噪音的主要来源其实是儿童本身。一些研究发现，即使儿童从事安静的活动，在教室里的噪音水平通常也可以高到足以干扰语言的发展。因此，可以采用以下几种方式来减少噪音。

（一）减少噪音源

噪音既包括外部环境中的交通噪音、工业噪音和生活噪音，也包括内部环境中的游戏活动、玩具和设备带来的各种噪音。这些噪音不仅影响婴幼儿生理的发展，也会危害他们的心理。为了更好地改进环境，我们首先需要确定教室里有几个噪音源，如教室中的投影仪和空调就有可能是噪音源。因此，我们要保持设备状况良好，并且只在必要时使用。

（二）添加吸音材料

吸音材料主要包括木质吸音板、布艺吸音板和聚酯纤维吸音板等。如果是为消解噪音污染的话，目前广泛采用的是聚酯纤维吸音板[1]。主要原因有二：其一是它吸音效果好；其二是它富有弹性、韧性，且耐磨又抗冲，不易被划破。

（三）区域的动静分离

教师可以将嘈杂和安静的区域进行分离。此外，教师还应培养婴幼儿养成良好的规则意识，让婴幼儿知道该做什么，不该做什么，以此来减少因规则不明、执行力度不够带来的拥挤、吵闹、打斗等噪音污染。

> **拓展阅读**
>
> #### 规则的建立
>
> 教师必须认识到，规则的建立不是教师一味地提要求，婴幼儿被迫去接受，而是通过情景设置、协商、讨论等方法，让婴幼儿参与到规则的制定中，让他们真正内化规则、体验规则，这样才能使他们真正理解并主动遵守规则。在活动中，教师要加强对婴幼儿遵守规则情况的观察记录，加强对每个区域活动规则适切性的研究，及时适当地进行调整，保证规则的有效性，让规则成为活动秩序的真正保证。

四、材料安全

玩具材料可以有效提升婴幼儿的认知、情感和社会性发展[2]。机构应当配备数量充

---

[1] 王钢，刘彦杰.幼儿园噪音危害及消解之道［J］.教育与教学研究，2013，27（8）.
[2] Guyton G. Using Toys to Support Infant-Toddler Learning and Development［J］. Yc Young Children, 2011, 66(5): 50—56.

足、种类多样的玩具和图书，以及可供婴幼儿摆弄和操作的各种材料。提供给婴幼儿的玩具应当符合《玩具安全》国家标准（GB6675）。另外，根据国外的相关研究，安全的玩具须符合如下四个条件：制作良好，不尖锐，没有碎片；使用无毒无铅颜料装饰美化；不易破碎；容易清洗[1]。

此外，由于婴幼儿常会将玩具或材料放在嘴里，因此教师须每日对教玩具进行安全检查和消毒。这一工作对于保证婴幼儿安全以及预防婴幼儿疾病等方面发挥着关键的作用。

第二节　保教结合，保育为主

0～3岁婴幼儿的身体还处于非常脆弱的阶段，因此对其保育的考量是该阶段环境创设的重心。这里主要从早教机构的盥洗区、尿布更换区、洗澡间、睡眠和休息区等区域来介绍保育环境的创设原则。

一、盥洗区域的创设原则

对身体敏感的婴幼儿来说，盥洗设备的安全性和便利性是环境创设中首先需要考虑的因素。对新生儿来说，盥洗区域必须方便成人使用；对1～3岁婴幼儿来说，盥洗区域可以毗邻他们的活动区域。

盥洗区域中最重要的设备是马桶和洗手槽，如果机构内的婴幼儿人数少于10人，那么至少要提供一个洗手槽和马桶，马桶的高度不能超过28厘米，洗手池的高度不能超过56厘米。

由于0～3岁的婴幼儿大多数还不能独立完成如厕等活动，因此，我们建议在机构内增加学习用的马桶及其配套设备，比如小号马桶、安全可清洁的学步椅和可移动的马桶座位等，尽可能不使用不可冲洗的马桶，比如便盆。如果不能给婴幼儿提供上述的设施设备，那么至少也要为其提供便盆椅，便盆椅需要选择容易清洁和消毒的，而且仅限在盥洗区使用。便盆椅的表面应能防水，每次使用后，教师需要对其进行清洁和消毒。在消毒和清洁区域应该放置多用手套以及垃圾桶等设备，垃圾桶应保持清洁。

洗手池应该安排在教师或者监护人可以看到的区域，从而保障婴幼儿在使用设备时的安全。此外，洗手池的附近应该放置一些防滑地垫，而且应尽可能地为婴幼儿提供温水、抗菌无气味的洗手液、一次性的纸巾或者烘干机。需要注意的是，洗手池不能作为清洗衣服或者清洁盥洗室设备的场所。

---

[1] Feeney S, Magarick M. Choosing Good Toys for Young Children [J]. Young Children, 1984, 40(1): 21—25.

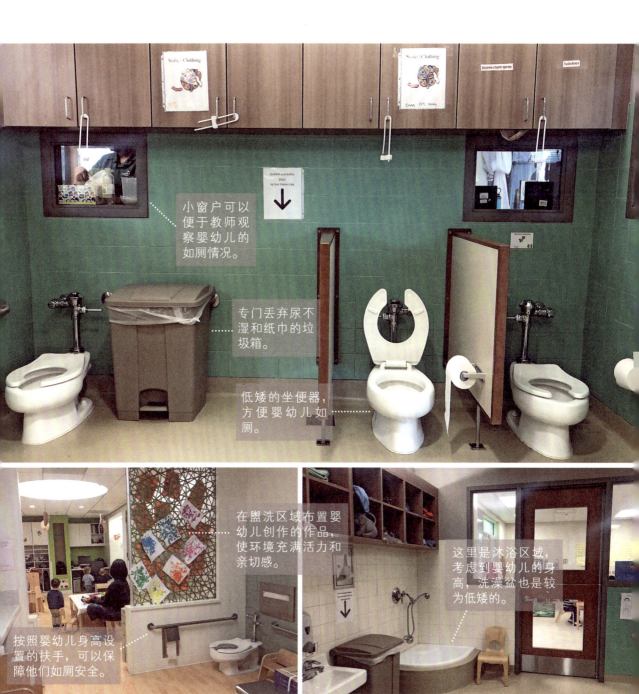

▲ 图3-2 美国一家儿童中心的盥洗区域

二、尿布更换区域

对于一个10人小组来说，至少应该安排一个尿布更换区域，以保障教师有足够的空间和时间来更换尿布，并做好清洁和消毒工作。此外，在尿布更换区域中，应配有洗手池等设备，且保证两个尿布更换台可共享一个洗手池。

0～3岁婴幼儿的尿布更换必须在尿布更换台实现,而且这个区域应该禁止婴幼儿进入。此外,尿布更换区应该与餐饮区分开,这个区域也不能作为餐饮区或者其他区域,因为对婴幼儿来说,健康是首位的,他们应该避免接触这些受到污染的区域。

尿布更换台需要满足如下标准:

- 更换台不透水、不吸水,表明平滑,不会留有污渍,容易消毒。
- 更换台要足够稳定,不容易翻倒。
- 更换台不宜太高或太低,应该方便教师使用。
- 更换台要配有围栏,围栏距离更换台表面至少要有15厘米。

教师在每次使用后,都要对更换台进行消毒,并定期检查和维护好更换台。

▲ 图3-3 尿布更换区域

三、洗澡间

如果机构内有婴幼儿是全托且过夜的话,应该至少要有一个洗澡间或者淋浴间。洗澡间应该设有高度适宜的抓手,而且地面要保持清洁,最好是有防滑垫。洗澡间要保障排水的通畅,水温适宜。

四、睡眠和休息区

每个婴幼儿都应该有一个独立的婴儿床、睡袋、床垫，这些设备需要满足国家的相关安全标准，比如《上海市3岁以下幼儿托育机构管理暂行办法》提出，婴幼儿就寝区不得设双（多）层床，床位侧面不得紧靠外墙布置。班级活动单元内不得通过搭建阁楼或夹层来作寝室。具体到每个婴幼儿的床铺来说，应该注意如下几点：

- 为婴幼儿提供独立、干净的床单，如果有婴幼儿需要共享同一个床和床垫，那么使用后必须进行消毒。
- 床垫要足够长，以防止婴幼儿的头部和脚露在外面，而且床垫需要由防水材料制成，以便清洗和消毒。
- 对于小月龄的婴儿来说，我们并不需要为其提供枕头、睡姿固定垫，而对于2～3岁的幼儿来说，枕头罩需要定期更换和清洗。
- 所有婴幼儿的枕头、毛毯、床单都应该独立存储。
- 教师应能监管到所有的床铺设置，从而保障婴幼儿的安全。

▲ 图3-4　婴幼儿睡眠区和休息区

第三节　情感渗透

陌生的环境会给婴幼儿的成长带来更多的恐惧。当婴幼儿离开家进入教育机构时，总会面对陌生的环境，该如何应对呢？这就需要在早期教育环境的创设中，为婴幼儿提供熟悉的、常见的、与其生活环境比较接近的环境布置，消除婴幼儿对新环境的陌生感，营造出"家"的氛围。只有这样才能够提高婴幼儿对早教机构的亲切感，让婴幼儿在温馨的氛围中快乐成长，尽快适应新的社交生活。

一、创设温馨的情感支持环境的注意点

（一）成人需要建立合适的情绪反应

情绪反应即成人认可和回应婴幼儿的情绪和需要，特别是在婴幼儿早期，甚至会影响他们的大脑发育，从而改变大脑的结构。研究发现，当我们有压力时，身体会产生肾上腺素和皮质醇，这两种激素有助于身体对外在的危险做出反应。然而，当这些激素频繁或长时间被激活时，它们可能会对大脑产生负面影响。例如，长期的皮质醇升高可以改变大脑的结构，导致记忆和学习问题。因为婴幼儿的大脑是"特别有韧性的"，所以压力对这个年龄组的孩子是有害的。婴幼儿早期经验还决定了身体压力系统对外界后续压力的反应。

（二）建立安全依恋，让婴幼儿获得精神归属

对于身处陌生环境中的婴幼儿，要让他们懂得自己是被爱的，即有精神归属。要引导婴幼儿相信自己，帮助他们获得积极的自我概念，知道自己有权利做决定，还应该鼓励婴幼儿有自己的目标，并以此帮助他们形成控制力和内在的纪律。为了能让婴幼儿获得以上的感受，他们还需要有安全依恋的对象，从而形成自我管理的能力，促进社交技能的发展。

二、积极的情感反应和健康依恋的关系

积极的情感反应会给婴幼儿与成人之间健康依恋关系的建构提供基石。依恋是美国心理学家鲍尔比在1951年提出的，艾因斯沃斯通过实验将其分为安全型依恋、焦虑—矛盾型依恋和回避型依恋。安全型依恋是精神归属的核心。依恋描述了婴幼儿和成年保育者之间形成的以爱为纽带的永久性的心理联系。依恋对象极大地影响了婴幼儿对关系的信念，这些信念将成为其行为的内在化模板，并在整个生命中产生"深刻的影响"。

拓展阅读

艾因斯沃斯的依恋实验

实验的过程是，母子同时进入一个陌生的房间，房间内有很多玩具，母亲坐在一旁，孩子自由玩耍。之后陌生人进入，一开始不说话，之后与母亲交谈。通过该实验，艾因斯沃斯从研究中界定了亲子依恋关系的三种基本类型：

（1）安全型依恋。在这种依恋关系中，妈妈对孩子关心、负责。体验到这种依恋的婴儿知道妈妈的负责和亲切，甚至妈妈不在时也这样想。处于安全型依恋关系中的婴儿一般比较快乐和自信。

（2）焦虑—矛盾型依恋。在这种关系中，妈妈对孩子的需求不是特别关心和敏感。婴儿在妈妈离开后很焦虑，一分离就大哭。别的大人不易让他们安静下来，这些孩子还害怕陌生环境。

（3）回避型依恋。这种关系中的妈妈对孩子不是很负责，孩子对妈妈也表现出疏远、冷漠。当妈妈离开时，孩子不焦虑；当妈妈回来时，也不特别高兴。

依恋关系的建立为婴幼儿自我的发展提供了足够强大的保障，也促进了婴幼儿自我管理能力的发展。自我管理是控制自己的情绪、行动和思考的能力。具有良好自我管理能力的婴幼儿能表现出更高的自尊、更高的学业成绩、更好的社交技能以及积极处理情绪的能力。

形成安全型依恋的婴幼儿更愿意探索或尝试新的东西，但会寻求成人的帮助和指导。对于与父母没有形成安全型依恋关系的婴幼儿来说，投射到教师身

▲ 图3-5 艾因斯沃斯的依恋实验

上的依恋更为重要。如果要让婴幼儿与他们生活中的重要人物分离，然后再与其他人重新建立依恋关系，那是非常困难的，而且过度的分离可能导致婴幼儿产生分离焦虑。因此，成人必须尽量减少婴幼儿搬到新的环境或者适应新教师的频率。

在设计良好的环境中，为了帮助婴幼儿形成依恋，成人需要对婴幼儿表现出真正的关心，并且认真花时间与他们在一起。与婴幼儿对话时，成人要仔细地倾听，并且要依靠提问来了解婴幼儿的偏好。当婴幼儿和成人一起学会"相互理解"时，成人更容易知道如何帮助婴幼儿。

良好的环境设计在促进婴幼儿建构自我的同时，也为他们的同伴交往和互动提供了机遇。事实上，设计良好的环境可以有效提升婴幼儿的社交能力，可以让婴幼儿通过与同伴等的交往，认识和控制自己的情绪和感觉，进而控制行为，并能使用社交技能与他人互动。因此，成人要帮助婴幼儿认识和控制自己的感觉。此外，成人还需要创造一个能为婴幼儿提供多种选择的环境，比如当婴幼儿不想午睡的时候，不要求他们一定要躺在床上。

第四节 鼓励婴幼儿参与

婴幼儿是早期教育环境中的主体，如果我们在创设环境时把他们放在一边，他们不愿意或没机会到所布置的环境中活动，那么再精心的设计也无法发挥其教育功能。因此，只有让婴幼儿参与到环境创设中，他们才能真正与环境对话，从中受到教育。在早

期教育环境创设的过程中,成人应积极地让婴幼儿参与,向婴幼儿提供活动和表现的机会,充分发挥他们自身的潜在能力,让他们做环境的主人。这不仅可以增强婴幼儿的自信心和动手能力,还能帮助成人通过持续观察和记录婴幼儿在环境中的表现来发现他们的兴趣点和潜能天赋。

一、让婴幼儿参与环境创设的原因

(一)婴幼儿参与班级物质环境创设具有重要价值

环境是人赖以生存和发展的物质、社会、心理条件的综合,是婴幼儿发展的重要资源,对婴幼儿的发展影响巨大。因此,婴幼儿参与班级物质环境创设具有重要价值,这不仅能减轻教师的负担,更重要的是婴幼儿参与环境创设的过程本身就是一个教育的过程。环境创设的意义不仅在于它是影响婴幼儿发展的条件,更是因为在环境创设的过程中,通过婴幼儿的积极参与而产生的互动效应。

(二)婴幼儿参与是一项权利

我们可将《儿童权利公约》归纳为儿童拥有四大权利:生存权、发展权、受保护权和参与权。参与权是指儿童参与家庭、文化和社会生活的权利。《中国儿童发展纲要(2011—2020年)》也把儿童参与原则作为儿童政策制定的一项基本原则,鼓励并支持儿童参与家庭、文化和社会生活,创造有利于儿童参与的社会环境。婴幼儿是环境和环境创设的主人,让婴幼儿在与环境的互动中得到发展理应是环境创设的宗旨。

▲ 图3-6 让婴幼儿参与环境创设
在亚特兰大国际学校,教师将婴幼儿的作品作为环境创设的一部分。

二、让婴幼儿参与环境创设的注意事项

为了让婴幼儿有更多参与环境布置的机会,教师在环境创设中应注意以下几点。

(一)直观性

婴幼儿主要是通过视觉、触觉等方式来进行感知的。因此,教师应让婴幼儿通过参与室内环境布置的过程来了解环境构成要素,并以此来提高婴幼儿的环境适应能力。

(二)开放性

环境的开放性影响着婴幼儿的参与程度。一个开放的环境,会让婴幼儿更加自主,适应环境的速度会更快,因此参与度也会更高。相反,封闭的环境则大大限制了婴幼儿的游戏和活动,不适宜他们进行学习和生活。因此,教师可设计出包含不同主题和内容的学习区角,鼓励婴幼儿自己选择区角、材料、游戏时间和游戏同伴等。

(三)兴趣性

婴幼儿对新的环境总是表现得敏感而又有兴趣,他们对新奇的事物都想看看、摸摸、碰碰、问问,还会流露出喜怒哀乐的情感,此时他们的思维活动与探索精神也处于最佳状态。根据这个心理特点,室内环境布置不宜成人化,要富有儿童情趣。因为富有儿童情趣的环境能吸引婴幼儿,增强婴幼儿学习的积极性和参与水平。反之,如果让婴幼儿每天待在单调、枯燥的环境中,就会使他对环境失去兴趣,儿童的参与度自然会下降。因此,在环境创设的过程中,我们要布置出独特而富有儿童情趣的环境,为婴幼儿提供丰富多彩的活动空间,例如室内设有角色扮演区、阅读区、种植区等。同时,在每个区域中放置不同的材料,这样能够培养婴幼儿在新奇的环境中不断获取新知识的能力。

第五节　鼓励婴幼儿自主选择、主动探索

为了促进婴幼儿的学习与发展,环境的创设必须考虑发展适宜性,以婴幼儿发展的视角入手,并最终促进他们的发展。只有提供吸引人的、符合审美的、发展适宜且富有趣味的互动材料,才能促进婴幼儿进行自主选择,主动进行探索与学习。由于婴幼儿年龄小,自我保护能力弱,因此在考虑该点原则时,成人必须首先保证环境、材料和活动等的安全性。

一、注意空间安排

成人需要仔细考虑和设计每个区域以及每个区域空间的安排,比如哪些是要相连的?哪些是要分开的?进入空间的入口要如何设计才能让婴幼儿觉得有归属感?婴幼儿如果需要私人空间该如何设置?

▲ 图3-7 空间入口——门厅

早教机构在门厅放置了若干舒适且富有童趣的豆袋沙发椅，供家长和婴幼儿休息。

▲ 图3-8 空间入口——活动室

这些玻璃门窗的设计，可以缓解婴幼儿因即将进入陌生环境所产生的不安，帮助他们平缓地过渡至室内活动区，同时也能消除在门口等候的家长的焦虑情绪。

(一)设计有效的空间入口

一个空间的入口可以有多种用途,例如:可以让家长和婴幼儿坐下休息;可以让家长和婴幼儿观察到教室里的情况;可以辅助婴幼儿从外部空间过渡到活动室,比如可设置一个地方供婴幼儿和家长(在进入教室之前)阅读书籍;可以展示婴幼儿学习的信息,即可以帮助家长和访客了解课堂内的环境和活动是如何促进婴幼儿学习的;可以提供家园互动。

(二)各区域之间要有明确的界限

界限能为婴幼儿提供安全感。研究表明,在明确分区环境中的婴幼儿更愿意参与活动,并且能从事更积极的互动、合作和更深入的探索,成人将花费更少的时间强调纪律。教师可以用低矮的书架或者橱柜作为边界,也可以用窗帘、屏风等,但最好是便携式的,从而允许空间的灵活安排,还可以随着婴幼儿的兴趣改变分区。

(三)提供多种学习区角,并设计合理的位置

区角的数量要依据婴幼儿的年龄、教室的空间大小以及婴幼儿和成人的需求而定。除了教室中一般都会有的区域,例如艺术、建构、科学、娃娃家等,有的机构还会设置一些特殊的区域,比如木工区、烹饪区等。

对于区角的设置要注重动静的分离,但也要根据实际情况进行调整,例如阅读区对自然采光有要求,因此该区通常是靠近窗户的。此外,也要注意让可以产生互动的两个区角相连,例如手工区可以和表演区相连,这样手工区的作品可以用到表演区,两者可以产生互动,也可以为婴幼儿提供更多的游戏机会。

▲ 图 3-9 设计良好的早教机构活动室

（四）为婴幼儿提供私人空间

所有的婴幼儿都渴望隐私，然而成人常常忽略他们的这种需求。私人空间可以为婴幼儿提供思考的机会，可以帮助他们集中注意力、稳定情绪，也是婴幼儿说悄悄话和休息的场所。

当没有地方可以独处时，婴幼儿与同龄人的互动会相对减少，容易出现更多的无所事事或攻击性行为。私人空间的设计取决于班级中婴幼儿的喜好，教师要善于发现什么物品是可以让婴幼儿安静下来或者感觉到安全的，比如有的教师会在班级中放置一个帐篷。

（五）设置让婴幼儿能独立使用的区域

想要让婴幼儿学会独立地使用区域，首先要让他们知道如何使用材料。材料需要放置在婴幼儿方便获取的范围内，因此教师应根据婴幼儿的身高设置橱柜。此外，材料还需要进行标记，比如材料包括什么、如何使用、使用后如何归还等，以便婴幼儿能够轻松找到所需要的材料，并在活动完成后能顺利将材料放回原处。对此，教师可以利用照片，比如将不同材料的照片贴在相应的物品上。

如果婴幼儿要独立地使用材料，他们还需要知道自己应该如何适当地使用材料。因此，在引入新材料的时候，教师要先向婴幼儿介绍这个材料及其玩法，同时要制定使用的基本规则。另一个帮助婴幼儿独立使用材料的方式是创建图式，可以是图片或文字，或者以两者结合的方式。

活动室内铺有地毯，小月龄的婴幼儿可以安全地在地毯上爬行。

▲ 图3-10 教师向婴幼儿介绍材料及玩法

（六）善于小空间大利用，合理拓展空间

随着城市化进程的推进，很多机构的空间变得更加局促，那么如何充分利用小空间呢？以下是可采用的方式：

- 收集空间使用的数据。例如婴幼儿是否使用教室内的每个区域？如果没有，可以做什么改变以更好地利用空间？
- 拿走婴幼儿从未使用的设备和材料。
- 减少杂物。因为杂物会占用空间，使小空间看起来更小。
- 创造性地思考并检查每个空间的可能使用功能。
- 适当地增加可用空间，例如创建阁楼或创建户外区域。
- 使用多用途家具，例如桌子的背面是白板，可以进行绘画等。

如果地面的空间十分有限，教师还可以尽可能地使用垂直空间。垂直空间是一个经常被遗忘的区域，例如壁挂式收纳袋等。另外，还可以利用镜子让房间感觉更大，同时

能反射室外的场景，给婴幼儿增加游戏经验。

二、关注设计元素

在设计环境时，成人要考虑环境创设的最终效果，包括环境整体风格应是审美愉悦、舒适如家的，环境设计的元素（如：光线、质地触感、颜色等）是和谐的。

因此，为了创造一个美观和谐的环境，我们不仅要单独地考虑每个元素，也要将它们组合起来考虑。在早期教育环境的创设中，最重要的设计要素是自然物品、柔软度、材质、颜色和照明。在创设环境之前仔细考虑这些要素，对于建立一个美观温馨的环境十分有帮助。

（一）自然物品

将自然元素融入教室的四面墙内，可以毫不费力地将婴幼儿带入一个美丽的世界。自然景物不仅提供了可以融入所有学习区域的无限感官体验，而且为婴幼儿和成人带来了一种平静的感觉。此外，自然材料通常是免费的或低成本的。

（二）柔软度

柔软度虽然在早期儿童教育机构中常常被忽略，但柔软度对于创造温馨舒适的环境是很重要的。此外，柔软度在降低噪声水平和混响方面也很关键。婴幼儿可以通过枕头、豆袋椅或地毯等来体验柔软的触感。教师还可以通过添加桌布、窗帘、帐篷和墙壁挂饰等来创造柔软的外观。

（三）材质

材质对整体氛围的贡献比任何设计元素都大[1]。不同材质因其反光效果不同，给予婴幼儿的感官刺激也不同。此外，我们从实践中发现，材质有助于控制声音，它为婴幼儿理解和区分不同的空间提供了可能。因此，提供各种材质的物品很重要，环境中需要有丰富多样的触觉刺激，要满足每个婴幼儿的需求。

（四）颜色

像材质一样，成人也可以运用颜色来创造个性空间。在确定绘制环境的最佳颜色时，成人应考虑是否希望空间看起来更大或更小。深色会使空间看起来更小，例如：房间的天花板很高时可以刷深色，这样可以看起来低一些；房间狭长时，可以通过在另一端的墙面上涂上一个更深的颜色，以使其看起来距离近些。

许多早期儿童教育专家建议只在需要强调时才采用亮色[2]，因为亮色可能会导致过度刺激。专家建议在早期教育环境中使用中性的颜色，游戏区角可以被涂成多种更为和谐百搭的颜色来进行区分，这样可以体现环境的复杂性、多样性和丰富性。

---

[1] Olds A R. Psychological and Physiological Harmony in Child Care Center Design [J]. Children's Environments Quarterly, 1989, 6(4): 8—16.

[2] Torelli L, Durrett C. Landscape for Learning: The Impact of Classroom Design on Infants and Toddlers [J]. Early Childhood News, 1995, 8: 12—17.

绿意盎然的植物在暖色灯光的映衬下，给人一种平静的感觉。

用树干装饰的照片墙。

▲ 图3-11　在环境创设中融入自然的景物

卡通人物加地球的可爱风格地毯，使整个环境充满童趣。

复古的民族风地毯搭配木质家具，使整个环境自然和谐。

▲ 图3-12　在房间中铺设地毯，能够创设舒适、温馨的氛围

在浅蓝色的主色调中配以绿色，使整个环境显得清新、自然。

活动室采用奶咖色的主色调，点缀了亮色的装饰物，使整个环境既温和又富有动感。

▲ 图3-13　充满色彩感的房间能让环境更具吸引力

（五）照明

照明影响着房间的美观性以及使用者的视觉敏锐度。创造良好的照明条件不仅仅要拥有足够的照明设备，更重要的是通过光来舒缓人的心灵或使人振奋。

只要条件允许，我们应尽量在环境中采用自然光。并且为了减少眩光，自然光应至少来自两个方向。研究人员称，自然光照可以将孩子的学习效果提高20%或更多。另一方面，较差的照明可能导致头痛、眼疲劳和身体疲劳，从而对学习产生负面影响。

然而，完全依赖自然光通常是不实际的。当不可能有自然光时，建议使用全光谱灯。成人可以在空间中运用不同类型的照明设备（如：轨道、垂饰等），在房间的不同区域创造"与众不同的氛围"。不同类型的照明要适应不同的环境需求，例如，睡眠

▲ 图3-14　良好的室内照明能让物体更富动感

▲ 图3-15　彩色纱帐的运用
　　利用自然光并结合彩色的纱帐能让环境变得更美。但由于婴幼儿视神经组织尚未发育完全，因此对于采光条件有较严格的要求。若长时间处于彩色纱帐中，光线的反射可能会使婴幼儿产生视觉疲劳，影响视觉功能的发育，因此在使用时需要注意时长。

区的调光控制要为教师提供监管婴幼儿睡眠的光线。此外，应当允许婴幼儿对他们的环境有一些选择权，例如在阅读区中可设置三个等级的灯光，以允许婴幼儿根据他们的需要调节照明的程度。

三、考虑设计样式

早期教育环境中所指的设计样式主要包括天花板、墙壁、地板和楼面高度。在设计时，成人要充分考虑婴幼儿的需求。

（一）天花板

在教室中设置不同的天花板高度可以提升趣味性，适应不同的学习活动，并帮助减少室内噪音。例如，教师可以通过悬挂帐篷或在天花板上悬垂织物来降低天花板的高度，也可以通过水平悬挂大片泡沫板或格子板来降低天花板的高度。此外，还可以通过悬挂风筝、横幅等来降低天花板的高度。在确定悬挂什么物品时，首先需要考虑的是防止产生视觉混乱。

（二）墙壁

墙壁可以是实心的或透明的，高度可以是房间高度的一半或与天花板等高。透明墙体在阻挡声音的同时可增强光线，还能在婴幼儿无法进入一个空间时，方便他们在外进行观察。

▲ 图3-16 墙面可以展示婴幼儿的作品，但要注意展示的高度应与婴幼儿的身高相适宜

墙壁可以展示非常多的素材，但首先成人要明确展示的目的。展示是为婴幼儿学习时的想象力和创造力提供动力，可以让他们接触带有美感的素材，引发其对某一主题的兴趣，并成为互动学习的材料。例如，教师可以将著名建筑的图片放在建构区的墙上，婴幼儿可以通过图片了解建筑的基本结构和精细结构的区别。墙壁当然也可以用来展示婴幼儿的作品，但不要让背景抢了作品的风头。教师可以采取轮流展示的方式，这样可以很好地避免因为作品太多而导致一些很有创意的作品被掩盖的情况。此

▲ 图3-17 可以设置墙面玩具，但设置的高度要与婴幼儿的身高相适宜

外，教师还可以让婴幼儿自己选择展示哪幅作品。

（三）地板

各种地板材料为婴幼儿提供了通过比较和对比的方法去学习的机会。例如在区域游戏中，成人可以引导婴幼儿探索玩具卡车在地毯上滚动的速度与在打蜡的木地板上滚动的速度的区别等。此外，地板的表面可以是平的或倾斜的、粗糙的或光滑的，这给婴幼儿提供了很多感性的经验和思考的乐趣。

（四）不同的楼面高度

不同的楼面高度可以帮助婴幼儿区分空间、降低噪音水平、增加房间的趣味、创造亲密的区域空间，从而让婴幼儿可以充分活动。此外，成人可以使用阁楼、立柱或者平台等创建不同的楼面高度。例如，阁楼可以配备绳梯、楼梯、坡道和滑梯等；还可在阁楼上建立小型图书馆、表演舞台等。

第六节　技术的融合

随着社会信息化程度的不断推进，"互联网+"背景下的学前教育已然成为一种趋势，技术与人们的生活息息相关，同样地，技术也会影响婴幼儿的发展。本节探讨的技术主要是早期教育中常用的仪器设备，例如数码相机、录像机、投影仪等。这些设备可以为婴幼儿提供独特的学习体验，允许他们记录下自己学习与成长的过程，此外还可以帮助教师对婴幼儿进行测评。

一、使用录音笔和音频播放器支持活动

婴幼儿可以通过录音笔和音频播放器来听故事、听音乐或者玩手指游戏，还可以用来进行类似"猜测声音"这样的活动。教师运用录音笔可以记录下婴幼儿讨论的过程，以帮助婴幼儿提升其故事讲述和口头阅读等方面的能力。这些记录在录音笔中的声音，可以让婴幼儿回顾自己当时的想法，同样也可以作为婴幼儿学习的档案，还可以帮助教师观察婴幼儿目前的发展水平，并以此来规划和促进他们进行更深入的学习。

二、使用投影仪支持活动

婴幼儿可以通过投影仪来探索颜色、透明度和阴影等。投影仪可以将物品投影到墙上，使之产生阴影；可以作为阴影木偶戏的光源；可以向投影仪添加图片或照片，然后进行投影，以此作为游戏的新背景，或帮助婴幼儿更清晰地认知某些学习主题；也可以使用透明胶片，让婴幼儿看到他们的作品或照片被放大，从而能使婴幼儿感受到一种自豪感。

三、使用数码相机支持活动

相机除了可以随时记录婴幼儿发展的瞬间，还有很多其他用途，例如：
- 照片可以记录婴幼儿的学习过程，能作为婴幼儿的成长档案。
- 用来展示科学实验的进程，例如帮助婴幼儿学习不同阶段植物的生长情况。
- 安抚婴幼儿的情绪。因为婴幼儿刚进入早教机构的时候，容易产生分离焦虑，此时给婴幼儿看家庭相册可以安抚他们的情绪，帮助他们平稳过渡，如图3-18所示。
- 与家庭和社区分享婴幼儿的相关信息。
- 在学习区为婴幼儿提供非语言的指导，例如提供步骤图。
- 以图片形式展示日期计划，帮助婴幼儿了解每日的安排。
- 作为物品柜子的标记。

四、借助"物联网+大数据"，让测评由"观察"到"测量"

随着"二孩政策"的实施，婴幼儿的数量逐渐增加，但是合格的早教教师数量却不足，出现了幼多师少的情况，这使得作为评价主体的教师在对婴幼儿进行测评时的难度大大增加了。而且单向评价的视野是有限的，信息渠道是狭窄的，判断结果的科学性与准确性是有待商榷的，因此，教师需要借助"物联网+大数据"，在全方位、多角度收集信息的基础上对婴幼儿的发展做出综合分析与判断，这就改变了只从教师角度出发的评价方法，将单向评价调整为多元评价。

在矮柜上摆放相框。

用树叶装饰的照片墙。

用树枝做成的悬挂式"照片墙"。

在磁吸墙面上的照片墙,可以随时变换造型。

在玻璃窗上的照片墙。

▲ 图3-18 芝加哥杜威实验幼儿园的家庭相册
在婴幼儿刚进入机构时,在教室摆放其家人的照片可以安抚他们的情绪,缓解分离焦虑。

简单来说,通过近场通信技术(近距离无线通信技术)可以了解到每一个婴幼儿喜欢待的区域,以及在该区域中游戏的时长。同时,当利用该技术和摄像头连通时,还能单独调用婴幼儿个人的视频信息加以观察分析,这样的数据记录,更有助于教师分析婴幼儿的行为习惯和发展状况,以此解决因幼多师少而产生的不利观察的问题。

在创设早期教育环境的时候,我们要切实考虑环境中的各个设计元素及样式,根据婴幼儿的实际需求和发展情况进行设计,并且鼓励他们参与创设。同时,我们还要注重创设有利于培养婴幼儿自主性,并能够让其主动进行探索的环境。此外,我们还可借助信息化技术,以期最大限度地发挥早期教育环境对婴幼儿发展的作用。

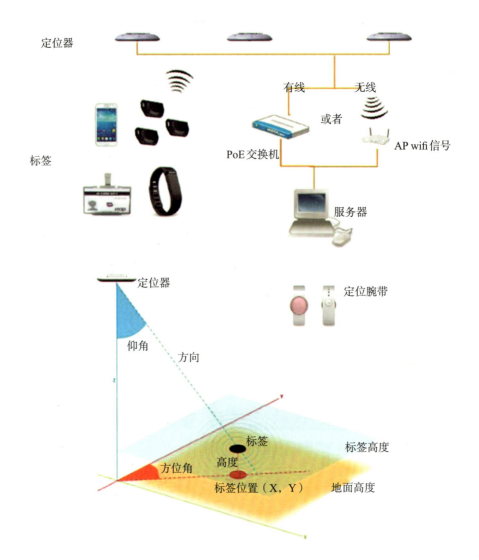

▲ 图3-19 物联网技术示意图
通过射频识别（RFID）、红外感应器、全球定位系统、激光扫描器等信息传感设备，用手环把任意物品与互联网相连接，进行信息交换和通信。

思考题

1. 你如何看待早期教育环境中的密度问题？
2. 早期教育环境创设要如何渗透情感因素？
3. 如何通过环境创设，鼓励婴幼儿自主选择、主动探索？
4. 婴幼儿的发展适宜性要如何在早期教育环境创设中体现？

第二部分

实践篇
SHI JIAN PIAN

图 4-0　早期教育机构环境布局平面图

　　这是一家研究多元智能理论的早期教育机构的平面图。右上角为身体动觉智能区，右下角为语言智能区，紧挨着身体动觉智能区的为自然观察智能区和空间智能区，左上角为音乐智能区，音乐智能区的正下方为逻辑数学智能区，紧挨着音乐智能区的空间为自我认知智能区和人际认知智能区。虽然每个区域主要开发的智能不同，但在教育的实际过程中，各分区是互相融合的。比如，人际认知智能不仅仅在人际认知智能区中可得到发展，在其他智能区中同样可以获得发展。因此，这里所介绍的分区只是为了便于我们理解各个区域的主要智能。

第四章 语言智能区的创设

学习目标

1. 掌握 0～3 岁婴幼儿语言智能发展的特点。
2. 了解婴幼儿各年龄段语言智能区环境创设的目标与注意点。
3. 了解早期阅读对婴幼儿语言发展的价值。
4. 学会依托环境和材料，为各年龄段婴幼儿设计适合其语言智能发展的活动。

内容脉络

  语言智能是指用言语思维、语言表达和欣赏语言深层内涵的能力，也就是人有效运用口头语言或文字语言的能力。语言与婴幼儿的生活息息相关，0～3 岁的婴幼儿正处于语言发展的关键期，在关键期内如果能为其语言智能的发展创设适宜的条件和环境，往往会产生事半功倍的效果。此外，语言智能的发展能带动婴幼儿人际认知智能等的发展，还能促进其他各项智能和认知的发展，对婴幼儿身心健康的发展有着积极的影响。

挂在顶部的白色帷幔和暖光灯带，使整个阅读区环境显得格外温馨。

阅读区中的照片墙能使婴幼儿有亲切感。

舒适的靠垫和地毯。

低矮的书柜。

▲ 图4-1　设计良好的语言智能区

语言一般由语音、词汇、语法构成，词是语言最基本的结构资料，由词汇可以进一步构成短语或句子。语言能力具体包括倾听、辨析语音、理解词义、口语表达、欣赏和阅读能力，而对于0~3岁的婴幼儿来说，早期教育主要是为了培养他们的倾听能力、口语表达能力和早期阅读能力。此外，一般认为，0~3岁婴幼儿的语言发展需要经历三个阶段，分别是语言基础的建立阶段（0~1岁）、语言理解阶段（1~2岁）和口语表达阶段（2~3岁）。接下来，将详细介绍每个年龄段婴幼儿的语言发展特点及相应的环境创设方法。

拓展阅读

语言智能突出的代表人物

▲ 图4-2　艾略特

托马斯·斯特尔那斯·艾略特（T·S·艾略特）是英国诗人、剧作家和文学批评家，现代派诗歌运动领袖，出生于美国密苏里州的圣路易斯，代表作品有《荒原》、《四个四重奏》等。

艾略特曾在哈佛大学学习哲学和比较文学，接触过梵文和东方文化，对黑格尔派的哲学家颇感兴趣，也曾受到法国象征主义文学的影响。1922年发表的《荒原》为他赢得了国际声誉，被评论界看作是20世纪最有影响力的一部诗作，被认为是英美现代诗歌的里程碑。1948年，艾略特凭借《四个四重奏》获得了诺贝尔文学奖。《四个四重奏》创作于1935年至1942年间，分别是《烧毁的诺顿》、《东科克尔村》、《干燥的塞尔维吉斯》和《小吉丁》。

第一节
0~1岁婴幼儿语言智能区的环境创设

一、0~1岁婴幼儿语言智能发展的特点

0~1岁是婴幼儿语言基础的建立阶段，具体指婴幼儿在掌握语言之前，有一个较长的语言发生的准备期，一般是指从出生到说出第一个具有真正意义的词之前的时期。这个时期的婴幼儿虽然还不能很好地进行口语交流，但是不代表他们就没有语言智能，

而是在积极地做说话前的准备工作。

（一）0～6个月婴幼儿语言智能的发展特点

0～3个月的婴儿以哭来表达自己的需求，这也是他们表达需求和与人交往的最初和最主要的方式。1个月的婴儿就能发出细小的喉声；在婴儿2～3个月的时候，成人只要稍微逗逗他们，他们就会发出欢快的笑声，有时也能发出"啊"、"咿"的学语声。

4～6个月的婴儿在语言发展和感情交流上进步得较快，能发出一些辅音和元音拼在一起的声音，例如"da"的声音，有时也能发出一些较复杂的连续音，例如"do do"、"ma ma"等。这时候的婴儿还会对自己的名字产生反应，当有人与他讲话时，也开始用"咿呀"的声音来回应。因此，成人可以在日常生活中对这个阶段婴儿发出的声音表示赞许，不断鼓励他们。有时成人也可以轻轻地模仿他们的声音，与他们进行"交流"，这么做的话，婴儿会更起劲，会"咿咿呀呀"个不停。此外，成人还可以跟婴儿玩问好的游戏，也可以重复地跟他们说一些简单的名词，如：爸爸、妈妈、爷爷、奶奶、自己的名字等。

成人还可以给这一阶段的婴儿准备一些图卡，一边跟他们说这是什么，一边展示给他们看，让他们逐渐懂得将词语和物品联系起来。在多次重复的基础上，0～6个月的婴儿会将画面和语音建立联系，并且会对熟悉的儿歌、童谣表现出兴趣。例如，看到熟悉的图卡时，他们的视线会盯着正在讲述的画面；如果照料者经常念短小的童谣，多次以后，他们在听到这首童谣时就会表现出开心的样子。

（二）7～12个月婴幼儿语言智能的发展特点

7～9个月的婴儿会喊"爸爸"或"妈妈"，但是他们并不理解词的实际意义，需要成人进行不断的强化。这时候的婴幼儿虽然还不能进行清晰的对话，但是会经常模仿成人说话的语调，并且能听得懂自己的名字，会辨别家里人的称呼和家中常用物品的名称，还喜欢寻找声源，即进入了"语音—动作"的联结阶段，开始学着用动作与他人交流，对于成人说的"不行"和"不可以"有时能遵从。听到"欢迎"会拍手，听到"再见"会摆手，这也说明了婴幼儿语言条件反射已建立，他们有了与成人沟通、交往和学习语言的可能性。

10个月的婴儿有了模仿语言的能力。在这个时期，成人能发出的音，婴儿大部分都可以模仿，这个过程是他们感知声音、积累发音经验的阶段。他们会在成人的提醒下，叫"爸爸妈妈"，并且能够主动地用动作来表示语言。11个月的婴儿会用面部表情、简单的语言和动作与成人交往，会喊"奶奶、姑姑、阿姨"等，能听懂3～4个字组成的一句话。12个月的婴儿对语言的注意力增加，能听懂与自己有关的日常生活指示语言，例如问他们"灯在哪里？"他们会看向灯，或者用手指灯。并且开始对"不"有反应，会利用简单的姿势（如摇头）来代表"不"。除此之外，12个月的婴儿还能用单词来表达自己的愿望和要求，并开始用语言与人交流。因此，跟这个时期的婴幼儿进行游戏的时候，重点是要让他们听懂玩法。成人的指导语要简练明确，必要时可配合简单的动作，以帮助婴幼儿了解规则。

除了帮助婴幼儿进行语音积累练习之外，成人还应该培养婴幼儿对图书的兴趣。6～12个月的婴儿喜欢看色彩鲜艳的书，成人可以和他们坐在一起看书，如果他们有兴趣，可以让他们自己翻书。有时翻到熟悉的图片时，他们会发出"嗯嗯"的声音或用动作表现出开心的样子。

二、0～1岁婴幼儿语言智能区的材料选择和空间创设

(一) 0～1岁婴幼儿语言智能区的创设目标

根据0～1岁婴幼儿语言智能的发展特点，该阶段的语言智能区可以划分为听音区、口语表达区和早期阅读区。因此，该阶段语言智能区创设的目标为：

- 提高婴幼儿听觉的敏感性，并能听音辨源。
- 培养婴幼儿的听音能力和听音兴趣。
- 在听到别人对自己说话时，能用声音、表情和肢体动作做出反应。
- 能将词与语言联系起来。
- 能说简单的名词（如：爸爸、妈妈等）。
- 培养婴幼儿对图书的兴趣，有摆弄图书的意识。
- 喜欢看图、听故事。

(二) 0～1岁婴幼儿语言智能区的创设和材料选择

丰富、有效的语言智能区能为婴幼儿提供一个舒适的、具有吸引力的空间，婴幼儿可以在其中进行阅读、听故事等活动。这些不同类型的活动都可以被归置在一个区域内或被划分在几个较小的区域中，如听音区和阅读区等。在创设这些小区域时，首先要有清晰的分区标志，如将阅读区设置在阁楼上，或是通过书架将其与房间的其他部分分开。因为一个清晰分离的功能区域可以使婴幼儿更加安心，更能鼓励婴幼儿进行深入的阅读体验。但小区域之间也不能隔得太远，因为某一个区域的活动往往能为其他区域的活动者提供灵感，并使活动者产生交往行为。除了考虑分区的适当位置，还应该考虑分区的大小，语言智能每个分区的空间大小都应该能同时容纳6个左右的婴幼儿。

1. 听音区的创设

婴幼儿是从听开始积累语言的，因此，创设一个有效的听音区是至关重要的。而婴幼儿语言的发声是从语音开始的，要培养婴幼儿感知语言的能力，就要对他们进行听音的练习，以此来帮助他们学会分辨不同频率、不同强度、不同音色的声音。此外，在进行听音练习时，还要注意时间的规律性，一般控制在3～5分钟为宜，并且还要能够根据婴幼儿的注意力情况进行适当的调整，包括时间的长短以及声音刺激的多样性。另外还要注意音量的适宜性，调整好声源与婴幼儿耳朵的距离，声音过大容易造成婴幼儿的听力损伤。以下是创设听音区环境时要注意的问题：

- 提供舒适的听音环境，比如可以放置豆袋椅或枕头，供婴幼儿倚靠。
- 准备简短但富有节奏的儿歌。虽然0～1岁的婴幼儿还听不懂儿歌的意思，但是他们喜欢欢快的节奏。
- 提供不同类型的录音内容，引导婴幼儿进行听音练习。

▲ 图4-3 舒适的豆袋椅

- 选择合适的、色彩鲜艳的玩教具进行听力游戏，并帮助婴幼儿建立语音和动作的联系。比如，当成人想让婴幼儿把球拿过来时，可以先示范取球，之后他们就会自己把球拿回来。
- 利用日常用品帮助婴幼儿建立词语和实物之间的联系。成人在与婴幼儿进行口语互动的时候，可以采用肢体动作或者实物辅助的方式来帮助婴幼儿初步感知语音所包含的意思。比如，当说"再见"的时候，成人可以挥挥手。要注意的是，成人所采用的肢体动作前后要一致，不要一天一个动作。又如，当给婴幼儿喂食物的时候，可以告诉他们："这是勺子，妈妈在拿勺子喂宝宝吃饭。"一般在8～9个月的时候，婴幼儿就能建立实物和语音的联系。

游戏活动：风儿来了，铃儿来了

在宝宝摇篮上的各种色彩艳丽的挂饰中增加一串风铃。风儿一吹或宝宝一动，风铃就会左右摇晃起来，发出好听的声音。这时宝宝就会专注地寻找目标，判断声音的来源。成人在与孩子一起玩的时候，可以轻轻地拨动风铃，看看孩子的反应。

表4-1列出了一些可用于0～1岁婴幼儿听音区的材料：

表4-1　0～1岁婴幼儿听音区的材料

玩具名称	玩具图片	适合月龄	使 用 举 例
塑料摇铃		0～12个月	可以将摇铃放在婴幼儿的手上，然后轻轻摇晃他的双手，让摇铃发出声音。待婴幼儿熟悉之后，可以让他自己玩一会儿。当他能自己通过摇晃双手使摇铃响的时候，成人必须给予鼓励。这样可以帮助婴幼儿提高其听觉的敏感性
布质摇铃		0～12个月	
风铃悬挂玩具		0～12个月	可以让婴幼儿躺在风铃下，成人观察其是否能根据声音进行视觉追踪
玩具电话		0～12个月	可以利用玩具电话与婴幼儿进行听音游戏，或者玩寻找声源的游戏

2. 口语表达区的创设

婴幼儿的第一次发音就是他们出生后的第一下哭声,从那个时候开始,他们就会通过发出不同的声音,来向周围的人传递自己身体或情感方面的需要,他们在这个时期的种种发声都是在为日后清楚的发音和口语表达做准备。

成人需要为婴幼儿口语的发展创设一个有效的口语表达区,可以使用的材料主要包括以下两类:

- 照片卡。将婴幼儿熟悉的人或物品制成照片卡。
- 提供简短的、节奏欢快的儿歌。

尽管如此,最重要的材料其实仍然是成人与婴幼儿的口语交流,但是需要注意的是,成人在与婴幼儿进行口语表达练习的时候,要引发婴幼儿良好的情绪体验,如此他们才会以自己的方式与成人进行口语交流。这个时期,成人可以多模仿婴幼儿的发音,激发他们发音的兴趣。此外,成人还必须认真倾听并给予语言回应,以此来激励婴幼儿再次进行口语交流。

3. 早期阅读区的创设

"零岁起步"是阅读的最新理念。阅读通常是一个安静的活动,因此阅读区应该位于房间的安静区域,并且要有足够的照明(自然光线能给予婴幼儿更良好的阅读体验)。另外,早期阅读区的环境创设要简洁,比如地毯的图案设计最好是简单的,以免干扰婴幼儿阅读。

对于0~1岁的婴儿来说,阅读环境中应该要设有能让成人和婴儿互相依偎的地方,以此来增加婴儿的安全感,促进亲子之间的情感依恋。

同时,在阅读区中还要添加与图书相关的物品,例如各种主题的绘本,或者是能突出图书内容的物品,比如,当要突出关于海洋主题的图书时,则可以添加贝壳作为装饰。图书的尺寸要大,并且色彩清晰,内容可以是不同样式的图片、人脸、动物或者大自然的景物等,但要确保婴幼儿感兴趣。在使用这些图书的时候,成人可以将书中的图片一张张指给婴幼儿看,并告诉他们图片的内容。此外,还可以为婴幼儿提供他们熟悉的事物的照片,如奶瓶等。此外,关于图书的配置还需要注意以下几点:

- 图书的数量要充足,要保证每个婴幼儿同时都能拥有几本不同的图书。
- 图书的选择必须是高质量的,可以选择一些获奖的儿童图书作品,或者从学前教育专家推荐的图书列表中进行选择。
- 提供不同尺寸、材质、主题和风格的图书,以满足群体中所有婴幼儿的需求。
- 这一阶段的图书需要包含图片,可以是无字或是只有简单文字的图书。再比如,0~3个月的婴儿只能感知黑、白两色,因此,成人可为他们提供黑白图书。此外,我们要注意将图书或卡片放在离婴幼儿眼睛20~30厘米处,在他们快要转移注意力的时候翻页或更换一张。通过看对比强烈的黑白图片,可以促进婴幼儿的视觉追踪能力。
- 因为这个阶段的婴幼儿还不懂得爱护图书,所以最好提供不容易损坏的图书,例如布书、洗澡书、厚纸板书等。

▲ 图4-4 光线充足的早期阅读区

利用自然光来保证阅读区有充足的光线,从而给婴幼儿更好的阅读体验。另外,成人可在阅读区中铺设地毯,放置抱枕,这样可以让阅读区更加温馨;还可以利用一些额外的灯光效果来增加阅读区的吸引力。

▲ 图4-5 芝加哥实验学校
学校为婴幼儿开设了图书馆,提供了不同文化背景、不同语言的图书。

▲ 图4-6 黑白图画书
这类图书适合3个月以内的婴儿。

▲ 图4-7 布书
0～3岁的婴儿不懂得爱护书籍,可投放不容易被撕烂的布书。

▲ 图4-8 洗澡书
洗澡书可供婴幼儿在洗澡时阅读,这种图书不怕被弄湿,同时还能为婴幼儿增添洗澡的乐趣。

- 图书和道具要根据婴幼儿的兴趣和需要进行更换,一般建议每两周引入和轮换一些图书。
- 图书的放置可以按照类型、主题、大小或其他易于阅读的方式进行整理,并放置在书架上或篮子里。成人可根据婴幼儿的发展情况,提供不同高度的书架。

▲ 图4-9 阅读区中的书架

不同高度的书架,可以满足不同身高的婴幼儿的需求。

表4-2是可供0～1岁婴幼儿阅读的获奖图画书：

表4-2 0～1岁婴幼儿图画书推荐表[①]

图书名称	主题范畴	作者
《抱抱》	亲情友爱	杰兹·阿波罗
《太阳公公笑哈哈》	亲情友爱	前川一夫
《早安晚安》	亲情友爱	李紫蓉
《谁哭了》	亲情友爱	阿万纪美子
《妈妈》	亲情友爱	林良
《大灰狼娶新娘》	文化传统	朱庆坪
《要跟着来噢》	亲情友爱	金尾惠子
《打开伞》（儿歌集）	生活经验	李紫蓉
《你好，点点》	生活经验	周翔
《吃什么呢？》	生活经验	许恩美
《晚安，月亮》	亲情友爱	玛格丽特·怀兹·布朗
《小牛的春天》	自然环境	五味太郎
《小红小黑》	视觉启蒙	柏原晃夫
《蹦！》	生活经验	松冈达英
《动物动物捉迷藏》	认知知识	石川浩二
《身体的声音真奇妙！》	认知知识	苹果蜜蜂
《猫头鹰说故事》	生活经验	G·曼泰加扎
《快乐宝宝洗澡书》	生活经验	M. Twinn

三、0～1岁婴幼儿语言智能区的活动示例

活动名称：自问自答

活动目标：

（1）能够理解一些词汇。
（2）能根据语音拿起相对应的物品。

[①] 周兢.给0～3岁孩子的60本图画书［M］.深圳：海天出版社，2016.

活动准备：
（1）婴幼儿熟悉的物品（如：奶瓶等）。
（2）娃娃、小球、铃铛等适合婴幼儿玩的物品。

活动过程：

1. 通过展示奶瓶导入，引起婴幼儿的兴趣

除了奶瓶，也可以选择婴幼儿熟悉的其他物品来引起他们的兴趣。

2. 理解词汇

（1）教师将适合婴幼儿玩的物品放在盘子里并展示给他们看，帮助他们将语言和物品联系起来。可以参考的问答如下：

- 宝宝，小球在哪里啊？对的，小球在这里。
- 宝宝，这个是娃娃吗？对的，这个是娃娃。

（2）问婴幼儿某件物品在哪里，然后将该物品拿起来。

教师边问边拿起相应的物品，如果婴幼儿表现得很开心，可以将该物品放到他的手中。

（3）在游戏的过程中，教师可以进行个别交流，关键是要引起婴幼儿活动的兴趣。

3. 探究

婴幼儿自己玩盘子里的物品，陪同在旁的家人可以告诉他该物品的名称，教师进行巡回指导。

4. 记录与分享

教师可以拍摄活动的照片，记录婴幼儿的活动和发展情况。

5. 家庭延伸

（1）父母在家中继续和婴幼儿玩自问自答的游戏。
（2）父母还可以使用婴幼儿不熟悉的物品与其进行游戏。

第二节　1～2岁婴幼儿语言智能区的环境创设

一、1～2岁婴幼儿语言智能发展的特点

婴幼儿在1岁时通常可以发出他们母语语音的第一个单词。自婴幼儿在学习了50个单词后，他们会经历所谓的命名爆炸时期。在这段时间里，婴幼儿每月可以获得50～100个新词。这些起始词大多数是名词，而词汇的增长是阅读成功的重要预测因素。婴幼儿使用语言能力的快速增长在儿童早期仍在继续，可以体现在婴幼儿的平均语句长度上。表4-3是14～72个月婴幼儿的平均语句长度表。

表 4-3　婴幼儿的月龄与平均语句长度表[①]

月　　龄	平均语句长度	月　　龄	平均语句长度
14	1.23	48	2.64
20	1.71	54	3.01
26	2.63	60	2.98
32	2.85	66	2.89
36	2.72	72	2.98
42	2.62		

（一）1～1.5岁婴幼儿语言智能的发展特点

1～1.5岁是婴幼儿语言由"理解和模仿"阶段向"语言表达"阶段发展的关键期。这个时期的婴幼儿开始能听懂成人发出的简单指令，开始会说自己的名字、熟悉的人名和物品的名字，开始会模仿常见的动物叫声，并且已经初步会使用日常生活中常见的动词，有时也会用表情、手势来代替语言进行交流，总体表现为对语言的理解能力超过语言的表达能力。除此之外，还喜欢说重叠的名词，但是在这个时期，婴幼儿说出的词的含义有可能是多重的，有可能是以词代句，例如他们说"车车"，可能是"我想要玩具车"的意思，也可能是"车车来了"或者其他的含义，而成人也只有在具体情境中才能理解他们所说的意思。虽然这个阶段的婴幼儿还不能很好地利用语言进行口语交流，但是对于成人说的话，他们大部分都是可以理解的。在这个阶段，婴幼儿发音不准，例如会将"姑姑"发音成"du du"，所以成人要为他们提供更多的口语交流机会。

在阅读方面，1～1.5岁的婴幼儿开始知道书的概念，喜欢模仿成人翻书页，而且已经具备形成概念和进行分类的能力。他们会根据自己的理解对日常生活中的一些事物进行命名，例如会根据小狗的叫声把小狗叫作"汪汪"等。此外，该阶段的婴幼儿还喜欢反复看同一本书，例如他们会拿着看过很多遍的书来要求成人讲，并能理解简单的故事内容，他们会看着并用手指向相应的画面，有时会根据故事内容模仿简单的动作和声音。

（二）1.5～2岁婴幼儿语言智能的发展特点

1.5～2岁的婴幼儿开始用名字来称呼自己了，逐渐开始学会用"我"来代替自己，会说出常用东西的名称和用途，能说出3～5个字的简单句，以此来表达一定的意思和自己的需要，体现出词汇量的明显增加。他们还喜欢跟着成人学说话、念儿歌，爱重复结尾的句子，并且能理解简单的问句，例如能回答"是什么"、"在哪里"、"怎么办"等和日常生活有关的简单问题。此外，他们还能听懂并执行两个连续动作的要求，例如能按成人的要求先扔垃圾再洗手。这个时期是婴幼儿口语表达快速发展的时期。

[①] 周兢.汉语儿童语言发展研究［M］.北京：教育科学出版社，2009.

二、1~2岁婴幼儿语言智能区的材料选择和空间创设

（一）1~2岁婴幼儿语言智能区的创设目标

根据1~2岁婴幼儿语言智能的发展特点，该阶段的语言智能区可以划分为听音区、口语表达区和早期阅读区。因此，该阶段语言智能区创设的目标为可以归纳为以下几点：

- 能用动作、单词对成人的语言做出反应。
- 能用简单的语言与他人对话，表达自己的想法。
- 学说简单的语句或简短的儿歌。
- 培养婴幼儿对图书的兴趣，能主动翻书。
- 能分清图书的正和倒，会正着看书。
- 喜欢看书、听故事和听儿歌。

（二）1~2岁婴幼儿语言智能区的创设和材料选择

1~2岁婴幼儿语言智能区环境创设的具体要求与0~1岁的差别不大，在此就不赘述，但在材料选择方面有一定的差别。

1. 听音区的创设

在1~2岁阶段，成人要多让婴幼儿接触文学作品，还可以选择一些语言优美、主题鲜明、简短的故事视频或音频播放给婴幼儿听，让其感受语言的美。因此，我们可以在听音区设置一些音视频的播放设备。

2. 口语表达区的创设

研究表明，在婴幼儿所掌握的新词中，约有三分之二是在日常生活中与父母互动中获得的。因此，成人对于婴幼儿语言的发展是非常重要的。但是需要注意的是，成人的发音必须是规范准确的，要为婴幼儿提供良好的言语榜样和言语示范。

此外，成人可以通过与婴幼儿玩游戏来提升其口语表达能力。例如，成人可以与婴幼儿进行"魔法盒子"的游戏。魔法盒子是一个封闭的盒子，里面有一个足够大的孔让婴幼儿和成人放入一只手。在盒子里放入物品，成人摸盒子里的物品，然后将物品的特征描述给婴幼儿，让婴幼儿猜是什么，要注意的是盒子里的物品需要经常更换。除了"魔法盒子"这个游戏之外，手指木偶游戏、角色游戏、表演游戏等都可以促进婴幼儿的口语表达能力。因此，成人可以在该区域投放一些游戏道具，例如手指套偶、角色扮演的服装或者麦克风等。

▲ 图4-10 手偶道具
投放手偶道具可以增加婴幼儿参与活动的兴趣，从而促进口语表达能力的发展。

案例

游戏活动：在哪里呢

我们可以在环境中投放自制的指偶并和婴幼儿玩游戏。指偶的做法是：用手工纸

叠一个手指粗细的宝塔形小帽子，在帽子上画上眼睛和嘴巴，这样一个指偶就做好了。成人将纸偶随意套在一个指头上，并提醒婴幼儿注意指偶：看，宝宝，这个小宝宝和你打招呼了。她说"你好，你好"。成人弯弯手指做点头状，然后趁机把指偶放在手心里或其他地方，再让婴幼儿看：指偶哪儿去了？让婴幼儿找一会儿，再把指偶变回来。如果手不够快，成人可以把手放在身后完成这一变化。玩这个游戏的时候，动作、表情最好夸张一些，而且最好建立一套固定的动作和语言模式，以增加趣味性。

3. 早期阅读区的创设

阅读区要能为婴幼儿提供语言输入和语言输出的机会，即婴幼儿能在阅读区中进行阅读活动，也可以进行讲故事等活动。因此，阅读区中要有不同种类的图画书。此外，与故事书相关的道具也可以帮助婴幼儿积极地参与文学活动。例如，成人可提供与故事相关的手指偶套、木偶、面具或与特定故事相关的道具、衣服等。当然，除了专门的阅读区之外，环境中的标识符号等都可以成为阅读的对象。

▲ 图4-11 早期阅读区

在1~2岁的婴幼儿中，由于有一部分已学会走路，因此可以让这部分婴幼儿走到书架或图书篮取放图书。但要注意的是，成人还应设置不同高度的书架，以便会走路和不会走路的婴幼儿都能取放图书。例如，让只能爬的婴幼儿可以在图书篮中取放书籍。

表4-4是可供1～2岁婴幼儿阅读的获奖图画书：

表4-4 1～2岁婴幼儿图画书推荐表[①]

图书名称	主题范畴	作者
《柠檬不是红色的》	认知知识	劳拉·瓦卡罗·希格
《谁的家到了》	社会环境	刘旭恭
《消防车快快》	社会环境	鱼改燕
《云娃娃》	自然环境	尹东宽
《阿福去散步》	生活经验	小野薰
《小铃铛，你藏在哪里》	亲情友爱	萨宾·库拉曼
《爸爸和我》	亲情友爱	大卫·卢卡斯
《移动的积木》	认知知识	米津祐介
《好大的红苹果》	认知知识	垂石真子
《先有蛋》	生活经验	劳拉·瓦卡罗·希格
《拔萝卜》	民间故事	阿·托尔斯泰
《向日葵》	自然环境	和歌山静子
《农场》	认知知识	德纳等
《小一步，你好》	生活经验	丰田一彦
《小猪林朵》	情绪管理	艾瑞克·巴图
《小树林边的伙伴们》	认知知识	福田敏生
《咕咚》	民间故事	夏蕾
《亲爱的动物园》	认知知识	罗德·坎贝尔
《小狗帕比》	生活经验	艾玛·戈德霍克
《米米说不》	生活经验	周逸芬

三、1～2岁婴幼儿语言智能区的活动示例

活动名称：打招呼

活动目标：

（1）愿意与他人打招呼。

（2）学会使用礼貌用语"你好"。

[①] 周兢.给0～3岁孩子的60本图画书［M］.深圳：海天出版社，2016.

活动准备：
不同动物的指偶。

活动过程：

1. 导入

   出示指偶，引发婴幼儿的兴趣。

2. 打招呼游戏

   （1）指偶打招呼。

   教师戴着指偶并和每个婴幼儿打招呼说"你好"。

   教师引导婴幼儿戴上不同的指偶并与其打招呼。在婴幼儿逐渐熟练之后，再引导其与其他婴幼儿打招呼。

   （2）让婴幼儿互相打招呼。

   教师先示范打招呼的方式，如"你好，我叫小猫，你叫什么名字呀？"然后再让婴幼儿与不同的指偶打招呼。

   教师可以与婴幼儿进行个别交流，关键在于引起他们活动的兴趣，并适当调整活动的难度。

3. 探究

   引导每一个婴幼儿主动和其他人打招呼，教师进行巡回指导。

4. 记录与分享

   （1）鼓励婴幼儿在集体面前表现自己。

   （2）教师可以拍摄活动照片，并将婴幼儿的音频录下来。

5. 家庭延伸

   家中来客人时，引导婴幼儿说"你好"，并尝试进行简单的自我介绍。

第三节 2～3岁婴幼儿语言智能区的环境创设

一、2～3岁婴幼儿语言智能发展的特点

（一）2～2.5岁婴幼儿语言智能的发展特点

2岁以后的婴幼儿处于口语发展的关键期，听说能力基本形成。这个时期的婴幼儿说话和听话的积极性很高，语言水平也进步得很快，能掌握基本的语法结构，知道5个字以上的复杂句子，词汇量也迅速扩展，可以达到1000字以上，几乎是1岁半以前婴幼儿的4～5倍。这一阶段的婴幼儿已经能用简单的语句来表达自己的想法，有的还能加入日常生活中常用的形容词，对于一些问题也能回答清楚，例如：问"你叫什么名字"

的时候，他们能准确回答自己的姓名；有时也能说出图画书中的人或动物正在做的事情。同时，他们开始建立"你、我、他"的人称观念，能明确了解词语所代表的意义。不仅如此，他们还能够背诵简单的歌谣，而且还会唱一些儿歌。

（二）2.5～3岁婴幼儿语言智能的发展特点

到3岁左右，婴幼儿开始对新词感兴趣，喜欢问"为什么"、"这是什么"等问题。他们在与成人交流时基本不存在沟通障碍，但是口语表达的流畅度还不足，对于关联词的使用往往不够完整，例如说了"因为"之后，不会出现"所以"。在阅读方面，3岁左右的婴幼儿愿意看简单的图画书，能区分书中的图画和文字，知道简单故事的主要情节。同时，成人要注意培养婴幼儿的书面语意识，这是指帮助婴幼儿理解具有意义的书面语的组成，例如句子或段落之间的区别。书面语意识的另一个重要组成部分是书面语可以用于各种目的，例如，书面语可以给他人提供信息并进行沟通等。

此外，这一阶段婴幼儿的书面语言也在迅速发展。他们会画随意的线条、无意义的涂鸦，但可能不回答或无法说出所画的内容是什么。

二、2～3岁婴幼儿语言智能区的材料选择和空间创设

（一）2～3岁婴幼儿语言智能区的创设目标

根据2～3岁婴幼儿语言智能的发展特点，该阶段的语言智能区可以划分为听音区、口语表达区、早期阅读区和涂写区。因此，语言智能区创设的目标可以归纳为以下几点：

- 能主动倾听、正确发音。
- 学会完整地说一句话，具有一定的语法意识。
- 帮助婴幼儿学会如何围绕一定的话题进行交流，锻炼他们的口语表达能力。
- 提高婴幼儿对图书、符号、标志和文字的兴趣，能区分图画和文字。
- 能正确地翻书。
- 能用手指点读图片及周围事物。
- 能理解简单故事的主要情节，复述简单的儿歌等。
- 喜欢涂写，培养前书写意识。

（二）2～3岁婴幼儿语言智能区的创设和材料选择

1. 听音区的创设

2～3岁婴幼儿在听音方面的重点是听发音正确的内容，可以准备一些使用标准普通话的儿歌、故事等形式的录音。

2. 口语表达区的创设

为了促进2～3岁婴幼儿口语表达能力的发展，成人要创设一个宽松的口语表达环境，提供丰富多彩的操作材料和工具，引发婴幼儿自主、自由地进行口语表达练习。比如，成人可以采用游戏的方式来帮助婴幼儿进行练习，可以创设一个娃娃家，还可以提供与1～2岁口语表达区中相似的魔法盒子。此外，还可以增加让婴幼儿与同伴进行游戏的部分，比如可以由一个婴幼儿来描述盒子中的物品，另一个婴幼儿来猜。

▲ 图4-12 角色扮演
教师投放了各种角色扮演的服装，鼓励婴幼儿通过角色扮演来进行口语表达。

需要注意的是，处于该阶段的婴幼儿如果仍然习惯使用表情、手势和动作来表达自己的需求，成人可以适当地拒绝他们的要求，或采取延迟满足的方式，从而促使婴幼儿使用语言来表达自己的需求。成人切不可婴幼儿一指向物品就立即取来，因为这会剥夺婴幼儿说话的机会，长此以往，将不利于婴幼儿口语表达能力的发展。另外，对于该阶段婴幼儿的错误发音，成人要避免进行强化，既不要重复错误的发音，也不要急于纠正，而是要多做正确的示范。例如，婴幼儿会将"吃饭"说成"ci饭"，这时，成人可以说："宝宝在说'吃饭'对吗？"此外，还可以在口语表达区投放录音设备，利用小型录音设备或智能设备，鼓励婴幼儿录制短消息并听回放，成人也可以利用音频来了解婴幼儿的口语发展水平，从而进行针对性的引导。

3. 早期阅读区的创设

2～3岁的婴幼儿已经可以正确地翻书，能区分文字和图画，并能理解简单故事的主要情节。成人可以提供一些连贯多幅、形象丰富、内容生动有趣的图书，然后通过以下方式来帮助婴幼儿理解故事：

- 使用木偶或其他道具来演示故事。
- 使用故事序列卡显示正在阅读的部分。
- 让婴幼儿观察照片，然后根据故事的顺序将照片放置在正确的位置上。也可以让婴幼儿把照片卡转过来检查编号，看看自己放的顺序正确与否。
- 通过提问来帮助婴幼儿理解内容。提问的难度可以循序渐进，一开始可以让婴幼儿指认，然后辨别图书中都有谁，之后可以让他们说说图书中的动物或人在做什么。

2～3岁婴幼儿早期阅读区投放的材料主要以图书为主，成人还可以根据图书的主题或内容，提供相应的道具。一个高质量的、有效的阅读区可以鼓励婴幼儿进行阅读。

▲ 图4-13 上海童心玩趣的阅读区空间

▲ 图4-14 绘本《好饿的毛毛虫》的道具

▲ 图4-15 在阅读区进行绘本《好饿的毛毛虫》的活动

▲ 图4-16 婴幼儿正在轻松地进行阅读活动

▲ 图4-17 芝加哥儿童博物馆

芝加哥儿童博物馆设置了相应的主题区域，让婴幼儿在游戏中理解绘本的内容。

（a）通过投影设备引导　　　　　　　　　（b）直接用绘本引导

▲ 图4-18　教师在阅读区引导婴幼儿理解绘本

此外，为了保证图书的种类，教师也可以鼓励婴幼儿带书来与同伴分享。表4-5是可供2～3岁婴幼儿阅读的获奖图画书：

表4-5　2～3岁婴幼儿图画书推荐表[①]

图书名称	主题范畴	作者
《变色龙捉迷藏》	亲情友爱	米津祐介
《大卫，不可以》	生活经验	大卫·香农
《小洞的故事》	认知知识	伊莎贝尔·平
《花儿开呀开》	认知知识	石川浩二
《好神奇的小石头》	认知知识	左伟
《小船的旅行》	社会环境	石川浩二
《想吃苹果的鼠小弟》	生活经验	中江嘉男
《像妈妈一样》	亲情友爱	大卫·梅林
《小兔乖乖》	民间故事	小良
《好饿的小蛇》	自然环境	宫西达也
《点点点》	认知知识	埃尔维·杜莱
《米菲住院》	生活经验	迪克·布鲁纳
《小手手，出来了》	生活经验	林明子
《是谁吃掉的？》	认知启蒙　视觉发现	五味太郎

---

① 周兢.给0～3岁孩子的60本图画书［M］.深圳：海天出版社，2016.

（续表）

图书名称	主题范畴	作者
《月亮，生日快乐》	亲情友爱	法兰克·艾许
《鸭子？兔子？》	创意	艾米·克劳斯·罗森塔尔
《自己的颜色》	自我认可	李欧·李奥尼
《菲菲生气了》	情绪管理	莫莉·卞
《我长大了》	认知	宗玉印
《蚂蚁和西瓜》	生活经验	田村茂

4. 涂写区的创设

在语言智能区中设置一个能让婴幼儿随意涂抹、书写的区域是很重要的。2～3岁的婴幼儿正处于涂鸦阶段，因此成人可以创设一面白色的涂鸦墙，摆上各种颜色的笔，为婴幼儿创设一个前书写的环境和条件，为其幼儿期的书写做准备。需要注意的是，涂鸦墙要便于清理，并且高度的设置要高于婴幼儿的身高。此外，没有足够空间的机构也可以提供大的纸张来代替涂鸦墙。

▲ 图4-19 涂鸦墙

左图是一面涂鸦墙，下方有放置画笔和颜料的地方，但这样的设置会让婴幼儿距离画纸较远。由于这一阶段的婴幼儿还太小，肌肉正处于发展阶段，握笔还不熟练，因此如果距离画纸较远，便难以掌控画笔了。

三、2~3岁婴幼儿语言智能区的活动示例

活动名称：谁咬了我的大饼

活动目标：
（1）知道不同动物的嘴巴形状是不同的，咬大饼之后出现的印记也是不同的。
（2）重点学习语句"XXX，是你咬了我的大饼吗？"并配合动作表情进行表演。

活动准备：
（1）故事中的动物和对应大饼的卡片、积木底板和积木。

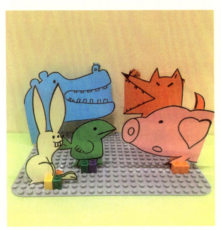
▲ 图4-20 故事中的动物卡片

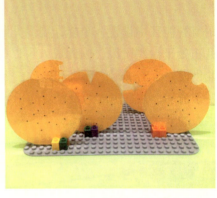
▲ 图4-21 故事中的大饼卡片

（2）积木底盘（人手一份）、大颗粒积木若干。
（3）超轻黏土、彩色皱纹纸和胶水。

活动过程：

1. 导入

手指儿歌律动游戏（教师语言要生动有趣，动作要夸张到位）。

一根棍，梆梆梆（在宝宝身上轻轻敲打）；二剪刀，剪剪剪（用食指、中指在宝宝身上轻轻夹）；三叉子，叉叉叉（食指、中指、无名指分开伸出，轻触宝宝）；四板凳，拍拍拍（拇指弯曲，四指并拢，轻打）；五小手，抓抓抓（五指分开，然后做抓的动作）；六牛角，哞哞哞（拇指和小指伸开做牛角状）；七镊子，夹夹夹（拇指、食指、中指捏一起，在宝宝身上捏捏）；八手枪，啪啪啪（拇指和食指做手枪状，啪啪啪射击）；九钩子，钩钩钩（食指弯曲做钩状，在宝宝胸前钩钩）；十麻花，转转转（中指搭在食指上，食指伸直，双手转动）。

2. 绘本赏析

（1）教师操作卡片并完整地讲述一遍故事。讲述故事时，教师的表情和语音语调要生动活泼。

故事梗概：小猪做了一块好大的饼，累得睡着了。等它醒来后，发现饼被咬了。于是它问了小鸟、兔子、狐狸、鳄鱼和河马，这些动物都通过在小猪的饼上咬一口的方式来证明那个齿印不是自己的。最后，大饼只剩下了一点，但小猪依然不知道是谁咬了大饼。

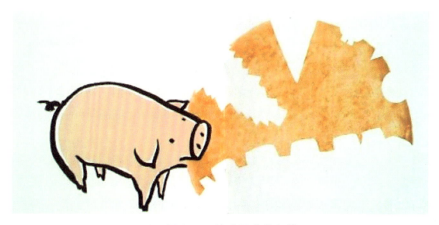

▲ 图4-22 谁咬了我的大饼

（2）教师边提问边讲述第二遍故事。可以参考的问题有：
- 看到什么了？（大饼）
- 小猪找到了谁？（小鸟、兔子、狐狸、鳄鱼、河马）
- 小鸟、兔子、狐狸、鳄鱼、河马咬了大饼后是什么样子的牙印？
- 宝宝们想一想，到底是谁咬了大饼呀？

（3）第三遍讲述故事，请婴幼儿来当故事里的角色，并与教师互动。
引导婴幼儿学习小猪的问话："XXX，是你咬了我的大饼吗？"
（4）婴幼儿按照故事中角色的出场顺序给动物排队。
（5）嘴巴和嘴印配对。教师给每个婴幼儿一张小动物卡片，教师出示一个嘴印，请持有该嘴印动物卡片的婴幼儿来配对。婴幼儿交换动物卡片后再玩一次游戏。

3. 探究与制作

（1）教师出示大饼的制作图片，并示范如何将彩泥和彩纸撕贴在大饼上（变成披萨了）。
（2）教师发给每位婴幼儿一些彩泥和彩纸并进行巡回指导，提醒婴幼儿在操作的过程中不要把彩泥粘到桌子上，也不要将彩纸屑随意扔在地上。

4. 记录与分享

鼓励婴幼儿大胆表达自己。

5. 家庭延伸

（1）让婴幼儿复述故事给家长和亲朋好友听。
（2）利用假期去动物园观察各种动物的嘴巴形状。

第四节

教师在0~3岁婴幼儿语言智能区中的作用

研究发现,当教师在区域中活动时,婴幼儿会在区域中花费更多的时间。因此,除了建立一个重视婴幼儿语言发展的环境,并鼓励婴幼儿以正确的方式进行读写,教师还可以使用许多其他方式来支持婴幼儿的语言学习。

一、提供婴幼儿获得背景知识的机会

阅读涉及理解书面文本,而文本会影响婴幼儿的理解和他们对所读东西的运用。为了增加词汇和背景知识,婴幼儿需要与人、地方和事物有丰富多样的互动体验。此外,他们还需要有机会参与持续的、深入的学习体验。

二、扩展婴幼儿的词汇和语言

教师可以通过添加关于婴幼儿所说的话的信息来增加婴幼儿的词汇习得,例如婴幼儿说"看球",教师可以说"是的,这是一个非常大的篮球"。

此外,婴幼儿的词汇与他的阅读和理解之间存在着很强的关系。婴幼儿需要有机会来倾听语言,学习新词,进而在情境中使用新词。另外,当他们感兴趣的东西被讨论时,是他们吸收最多的时候。因此,教师需要有意并预先计划他们想要婴幼儿使用的新词汇,这些词汇可能与新的区域、材料或正在介绍的主题有关。

三、示范主动聆听,并提出适当的、开放式的问题

教师要给予婴幼儿充分的关注。首先,眼睛要和婴幼儿的视线在同一个水平上,并与他们眼神接触,必要时可提供反馈,以及提出开放式的问题。因为开放式的问题能增加婴幼儿的语言输出,这要求的通常不仅仅是一个词的答案,而是更倾向于增加对话,甚至要求婴幼儿进行思考等。其次,教师必须给予婴幼儿开口说话的机会,虽然有时教师是想通过猜测婴幼儿想说什么来帮助其发展,但是对于婴幼儿来说,语言发展最有效的方式还是自己完成句子。

四、支持平等的互动和讨论

在社会语境中,婴幼儿需要学习新词,并能够获得练习或使用他们已经习得的词汇的机会。在语言智能区,教师可以通过鼓励婴幼儿与同伴一起阅读,或者鼓励婴幼儿共同进行活动等方式来支持同伴的互动,从而发展婴幼儿的语言交往能力。

五、培养婴幼儿阅读的兴趣,让他们喜欢上阅读

大声朗读可以帮助婴幼儿建立对阅读成功至关重要的理解能力和其他技能,并且与婴幼儿一起阅读有利于婴幼儿与教师形成依恋关系,并获得与以往不同的与书单独交流

的方式和机会。此外，对话式的阅读方式对于婴幼儿获得最佳的学习经验也是至关重要的，因为围绕着阅读的交流，能帮助他们将阅读与自己的生活联系起来，从而进一步提升语言理解能力。

因此，在阅读图书之前，教师可以先帮助婴幼儿建立兴趣，要求他们预测故事的发展情况，然后讨论和介绍主题，并将书的主题与婴幼儿的经历联系起来。其次，在阅读期间，教师可以提出开放式和预测性的问题，要求婴幼儿分享与书有关的个人经历，鼓励婴幼儿提问和发表意见。最后，在阅读完成时可进行相应的讨论，例如讨论书的情节和角色，可以问"如果是你，你会怎么做？你会做什么？"阅读期间，教师还可以转录婴幼儿的口头故事，帮助婴幼儿将口头语言转换成书面语言。

此外，教师还可以通过创设一个吸引人的语言智能区来培养婴幼儿对阅读的兴趣，从而喜欢上阅读。同时，还要支持婴幼儿在这些环境中进行互动式的学习。因此，教师在设计有效的语言学习环境方面至关重要。

六、观察并记录个别婴幼儿的语言学习情况，尽可能满足所有婴幼儿的需求

我们需要通过提供广泛的、适宜发展的材料和活动来满足所有婴幼儿的需求，同时可以通过多种方式来记录婴幼儿的学习情况，包括观察或轶事记录等。教师还可以通过创建婴幼儿阅读和讲故事的录音，或制作婴幼儿已经阅读或听过的书的列表等方式来记录婴幼儿的学习，并以此来评估婴幼儿的发展情况。

教师可以通过仔细观察来获得大量的、与婴幼儿语言智能有关的讯息。以下是可观察的内容：

- 婴幼儿是否能主动阅读书籍？婴幼儿喜欢什么类型的书籍？
- 婴幼儿是否知道如何翻书？例如是否知道书的正面要朝上，一次只能翻一页，并且要从书的开头开始看，阅读的顺序是否从左到右，从上到下的？
- 婴幼儿是否能注意倾听？是否能理解故事？是否愿意参与对话？例如是否能与周围的人重述故事或回答开放式的问题等。
- 婴幼儿可以通过图片和文字记录想法吗？是否会主动涂写或绘画？

思考题

1. 0～1岁婴幼儿的听音区主要是发展听音的哪些方面？
2. 各年龄段婴幼儿的早期阅读区创设有什么异同点？
3. 依托环境和材料，我们还能设计什么语言智能区活动？

第五章 音乐智能区的创设

学习目标

1. 掌握0～3岁婴幼儿音乐智能发展的特点。
2. 了解婴幼儿各年龄段音乐智能区环境创设的目标与注意点。
3. 了解音乐对婴幼儿发展的价值。
4. 学会依托环境和材料,为各年龄段婴幼儿设计适合其音乐智能发展的活动。

内容脉络

　　音乐智能是指人敏锐地感知音调、旋律、节奏和音色,并运用于表演、欣赏和创作乐曲中的智能,即察觉、辨别、改变和表达音乐的能力。在任何一种文化中,音乐都占据着重要的地位,比如,早期的希腊人就认为音乐是神的语言。音乐有助于传达文化信仰、价值观,还可以传达人的情感和想法,它对婴幼儿的身体、语言、社会情感和认知的发展都有促进作用。有研究证明,相较于说话,婴幼儿在母亲唱歌时的专注度会更高。因此,为婴幼儿创设一个良好的音乐教育环境是很重要的。

　　婴幼儿在音乐智能区进行互动时,能发展他们的音乐能力。音乐能力指的是个体从事音乐实践活动的本领,包括演唱、演奏、音乐欣赏、音乐创作等。具体来说,它主要包括两个方面的含义:音乐的感受力和音乐的表现力。音乐的感受力指的是人对音乐作品所反映的情绪和思想感情的体验能力,是通过听觉分辨音的高低、长短、强弱和音色等有规律运动过程的特征，进而感知、领会、想象、思考音乐艺术形象和内容，并在感情上引起共鸣的能力。音乐的感受力主要体现在听觉感受，包括力度、速度、节奏、节拍、旋律、音色等内容，其中节奏占有很重要的地位。音乐的表现力指的是在音乐感受能力的基础上，人把自己对音乐的理解和感受，通过自己的声音或动作表达出来的能力。而音乐的创作能力是音乐表现力中的一个很重要的方面，0～3岁的婴幼儿主要是通过声音和动作来表达自己对音乐独特的理解。例如，婴幼儿听到欢快的音乐时，会快速舞动双手或双脚来表达自己的感受。本书也将通过音乐感受区和音乐表达区这两个方面来介绍音乐智能区的创设方法。

▲ 图5-1 音乐智能区为婴幼儿提供高质量的音乐产品

拓展阅读

音乐智能突出的代表人物

伊戈尔·斯特拉文斯基出生于1882年，俄国音乐人，是一位不拘一格的音乐天才。他的风格受勋伯格的十二音音乐的影响尤深。1913年，他的作品《春之祭》在巴黎首演时轰动了音乐界。

▲ 图5-2 伊戈尔·斯特拉文斯基

第一节　0～1岁婴幼儿音乐智能区的环境创设

一、0～1岁婴幼儿音乐智能发展的特点

婴幼儿从出生时便具有"愉快地听音乐"的能力。有研究发现，出生仅24小时的新生儿在听到音乐后，吸吮的时间会明显增加，而且能辨别乐音和噪音，他们喜欢乐音，讨厌噪音。在出生6～10周后，婴儿听到摇篮曲等类似舒缓的曲调后会开始微笑、停止哭泣或很快入睡。此外，婴儿一出生就已经具有一定的节奏感，他们在感受母亲有规律的心跳节奏时会感到很安定。到2个月时，婴儿已经能初步区别音乐的音高，并能躺着静静地听音乐了。3个月时，婴儿已经能区分音乐的音色，对高频率的乐音和噪音非常敏感。此外，在2～3个月的时候，婴儿对能有节奏地发出声音的东西感兴趣，如摇铃、拨浪鼓等。从4个月开始，婴儿便能积极地"倾听"音乐了，有时会发出一些"咿咿呀呀"的歌声，有时也会不经意地制造出一些声响。这时的婴儿比较喜欢听愉快的音乐和听起来比较优美的音乐。同时，在听音乐时，婴儿会伴有身体的反复运动，尽管这时的运动和音乐还不同步，也不协调。5个月时，婴儿已经能感知音乐旋律的变化，他们在拿到响声玩具时，会拍打和摇动。

▲ 图5-3　婴幼儿正在玩迷你架子鼓

6～7个月时，婴儿开始能辨别简单的音调，并且初步具有协调听觉和身体运动的能力。此外，随着婴幼儿身体的不断生长和声音的练习，他们的声音能逐渐呈现出唱歌的特征。在6个月到1岁阶段，婴幼儿或多或少地有了祈求独立的倾向。正如从充满各种声响刺激的环境中区分出音乐声的过程一样，婴幼儿最初是把自己的声音从其他声音中区分出来，并运用自己的声音和别人发生联系。他们首先是试图模仿他们所听到的声音，这个时期被儿童心理学家认为是"声音传感"时期，即婴幼儿对周围环境中的声响感兴趣并由此被刺激，以至于参与其中。

如果有良好的音乐环境的熏陶，出生半周岁的婴幼儿就会开始产生音乐记忆。从这时候起，成人就可以对婴幼儿进行有目的、有计划的音乐教育。

二、0～1岁婴幼儿音乐智能区的材料选择和空间创设

（一）0～1岁婴幼儿音乐智能区的创设目标

根据0～1岁婴幼儿音乐智能的发展特点，该阶段的音乐智能区可以划分为音乐感

受区和音乐表达区。因此，该阶段音乐智能区创设的目标可以归纳为以下几点：
- 喜欢听音乐。
- 能感知不同音乐旋律的变化。
- 能尝试用肢体动作来表达对音乐的感受，不要求动作与音乐的协调。
- 能咿咿呀呀地"唱歌"。
- 能初步尝试跟随音乐节奏敲打乐器。

（二）0～1岁婴幼儿音乐智能区的创设和材料选择

成人要为婴幼儿创设一个愉快、舒适的音乐环境，通过优美的歌声、悦耳的语言及轻柔的动作，使婴幼儿从音乐中感到温暖、安全和喜悦，培养他们愉快的情绪，促进他们健康地成长。在创设音乐智能区时，成人需要注意的是：
- 空间充足且整洁，即音乐智能区是能为婴幼儿的创造和活动提供充足空间的整洁区域。
- 远离那些需要安静的区域。因为音乐智能区容易产生声响，其中不乏一些噪音，为了其他区域的正常使用，音乐智能区的位置最好能远离那些需要安静的区域，如阅读区等。
- 提供多种高品质的乐器。提供多种多样的乐器可以帮助婴幼儿产生更丰富的音乐体验。而高品质的乐器除了能为婴幼儿带来更好的音乐体验之外，其本身也不易损坏。
- 乐器的摆放要便于婴幼儿的取放。
- 提供高品质且不同类型的音乐，让婴幼儿可以进行音乐欣赏或律动。

1. 音乐感受区

在音乐感受区中，成人首先要培养婴幼儿辨别音乐差异的能力，这与语言智能区中的发展相似，在此就不赘述。该阶段的婴幼儿能区分环境中的许多声音，并且喜欢模仿并发出这些声音，如：火车声、动物叫声等。

此外，成人应该帮助婴幼儿感受音乐，例如：成人可以抱着婴幼儿绕场地跳舞；可以边唱边跳；可以随着音乐跳舞。通过这些互动，可以让婴幼儿通过对成人动作的感知进而感受音乐的节奏和旋律。此外，成人还可以提供发声玩具或是一些乐器，如：沙锤、手鼓等。

▲ 图5-4 电子音乐手鼓　　▲ 图5-5 沙锤　　▲ 图5-6 手鼓

> **案例**
>
> ### 游戏活动：拍手歌
>
> 教师教婴幼儿随着乐曲的节奏一起拍手，首先示范给婴幼儿看，然后帮助他们自己拍手。通过这个活动可以让婴幼儿掌握节奏与身体动作之间的对应关系，通过自身的运动来感受节奏。

关于音乐感受区中音乐内容的挑选，成人可以选择一些著名的儿歌、动画片插曲或著名的音乐作品。如果是篇幅较长的音乐作品，可以选择其中的一个部分。

2. 音乐表达区

0～1岁的婴幼儿更多是使用肢体动作来表达对音乐的感受。因此，成人可以选择并播放一些节奏感强的音乐，轻轻随着节奏哼唱旋律，引导婴幼儿注意节奏；也可以在婴幼儿面前举起双手，随着音乐节奏摆动；还可以慢慢举起婴幼儿的小手或者小脚，随着节奏摆动，从而逐渐培养婴幼儿听到乐曲就能主动舞蹈的习惯。

为婴幼儿选择的歌曲歌词以2～4句为宜，同时还要考虑到歌词的趣味性，并且是他们能理解和熟悉的，例如《我爱我的小动物》这首儿歌。此外，成人还可选择一些便于用动作表现的歌曲，以此来发展婴幼儿的音乐表达能力。

> **案例**
>
> ### 我爱我的小动物
>
> 我爱我的小羊，小羊怎样叫？咩咩咩咩咩咩，咩咩咩咩咩。
> 我爱我的小猫，小猫怎样叫？喵喵喵喵喵喵，喵喵喵喵喵。
> 教师可以根据婴幼儿的喜好改变其中出现的动物，这样除了能增加歌曲的趣味性，还能激发婴幼儿的兴趣。

三、0～1岁婴幼儿音乐智能区的活动示例

活动名称：乒乒乓乓响

活动目标：
（1）尝试用身体动作来表达对音乐的感受。
（2）初步尝试使用不同的乐器表现音乐的节奏。

活动准备：

摇铃1个、《我是小兵》的音乐。

活动过程：

1. 导入

教师展示摇铃，以引起婴幼儿参与活动的兴趣。教师根据婴幼儿的情绪状况，必要时可以摇摇铃。

2. 音乐体验

（1）播放《我是小兵》的音频，让婴幼儿感受音乐的节奏。

这是小兵的喇叭哒哒哒哒哒；这是小兵的铜鼓咚咚咚咚咚；这是小兵的手枪叭叭叭叭叭；这是小兵的大炮轰轰轰轰轰。

（2）再一次播放音乐，教师随着音乐节奏拍手。在唱"哒"、"咚"、"叭"、"轰"的时候，教师才拍手。

（3）引导婴幼儿随音乐拍手。

（4）引导婴幼儿随音乐节奏摆动身体，让其尝试用身体动作来表达自己对音乐的感受。

3. 音乐表现

（1）再一次播放音乐，教师随着音乐节奏摇摇铃。

（2）引导婴幼儿随着音乐摇摇铃，并根据婴幼儿的能力适当调整活动的难度。

4. 家庭延伸

在家中，家长可以通过播放不同的音乐让婴幼儿感受不同的节奏。

第二节　1～2岁婴幼儿音乐智能区的环境创设

一、1～2岁婴幼儿音乐智能发展的特点

1岁之后的婴幼儿在拍手或者拍打玩具时，开始有显露出自身节奏感的趋势。虽然可能跟音乐不同步，但已有节奏感。1岁半时，有10%的婴幼儿已经能协调身体运动与音乐节奏之间的关系，这时他们的身体运动看起来像是能吻合音乐节奏的"舞蹈"了。成人可以使用任何敲打后能发声的物品，然后伴随欢快的背景音乐，引导婴幼儿随着音乐节奏轻拍物品。处于该阶段的婴幼儿也开始准备正式学唱，歌唱和说话正在逐步从嗓音中分化出来。

2岁左右，婴幼儿已经能静下来认真地倾听音乐，而且大部分的婴幼儿出现了随着音乐节拍的"舞蹈"或"身体运动"。成人可以引导婴幼儿随着音乐做动作，比如使用音乐《拍手点头》来引导婴幼儿学习拍手、点头的动作，然后再尝试念歌词。

二、1～2岁婴幼儿音乐智能区的材料选择和空间创设

(一) 1～2岁婴幼儿音乐智能区的创设目标

根据1～2岁婴幼儿音乐智能的发展特点,该阶段音乐智能区创设的目标为可归纳为以下几点:

- 能安静地倾听音乐。
- 能用肢体动作来表达对音乐的感受,动作与音乐基本协调。
- 能唱几句简单的儿歌。
- 对节奏感兴趣,能跟随简单的音乐节奏敲打乐器。

(二) 1～2岁婴幼儿音乐智能区的创设和材料选择

1～2岁婴幼儿音乐智能区环境创设的总体要求与0～1岁的差别不大,在此不再赘述,但在材料方面有一些差别。

1. 音乐感受区

成人可以适当地延长婴幼儿欣赏音乐的时间,并提出相应的问题,从而帮助婴幼儿更加深入地了解音乐所传递的情感。成人可以选择一些欢快的曲子,例如《小狗圆舞曲》、《电闪雷鸣波尔卡》、《时钟店》等。此外,成人也可以选择一些琅琅上口的儿歌或童谣,例如《起床歌》、《穿衣歌》、《小铃铛》等。成人无论选择什么歌曲,都应该注意所选择的歌曲要与婴幼儿的实际生活相联系。

2. 音乐表达区

对于1～2岁的婴幼儿,成人要有意识地初步培养他们对唱歌的兴趣,使他们能愉快地用自然声音跟着成人学唱。成人要用自然、悦耳、准确的声音教婴幼儿唱每一首歌,初学时可以不必每次都用琴来伴奏。在歌曲的选择方面,成人首先要考虑婴幼儿的兴趣,其次要考虑婴幼儿的声域,注意选择音域在C大调的do到sol之间的歌曲,并且节奏要平稳、鲜明,可以选择有少量歌词或者没有歌词的歌曲。该阶段的婴幼儿喜欢有简单重复的短句、有渐渐下降的音阶等模式的乐曲。为了帮助婴幼儿在音乐表达区进行更多的歌唱活动,成人还可创设以下条件:

- 制作道具,让婴幼儿在唱歌时使用。
- 为婴幼儿提供可以进行对唱并能轻松播放的回声玩具。
- 有麦克风的舞台(麦克风并不需要真的)。
- 提供包含歌曲和音乐的绘本。
- 录制婴幼儿唱的那些他们所熟悉的歌曲,将其作为音乐区的录音带。

与此同时,成人可以引导婴幼儿按音节节奏做简单动作,例如拍手、点头、跟

▲ 图5-7 敲击鼓可以帮助婴幼儿学习和感受节奏

着走、碎步、踏步等；或做模仿动作，例如开飞机、小鸟飞、小鸭走等；还可以与婴幼儿进行音乐游戏，逐步发展婴幼儿对音乐的感受、记忆和理解能力。此外，成人也能引导婴幼儿利用乐器来表达自己对音乐节奏的感受和理解，例如利用敲击鼓来表达对《我是小鼓手》节奏的理解。

三、1～2岁婴幼儿音乐智能区的活动示例

活动名称：小兔的音乐会

活动目标：
（1）尝试通过敲打乐器的方式来表现音乐的节奏。
（2）培养婴幼儿的音乐表达能力。

活动准备：
（1）小兔音乐会的场景、敲击鼓以及其他可以发声的乐器。
（2）兔子舞 Penguin's game 的音乐。

活动过程：

1. 导入

（进入音乐智能区）教师：今天小兔要开音乐会啦，我们一起去参加吧！

2. 音乐体验

（1）播放兔子舞的音乐，引导婴幼儿与教师一起拍手唱歌。教师鼓励婴幼儿可根据自己对音乐的理解大胆拍手。

（2）在音乐的伴随中，引导婴幼儿大胆尝试用不同的乐器发出声音。教师：现在跟老师一起来数着拍子敲打乐器吧！

教师要注意及时表扬婴幼儿的大胆创新。

3. 音乐表现

（1）鼓励婴幼儿大胆想象，引导婴幼儿伴随音乐用不同的乐器发出有节奏的声音。

（2）播放兔子舞的音乐，引导婴幼儿边敲打乐器边跳舞，一起参加音乐会。教师巡回指导。

4. 家庭延伸

在家中，家长可引导婴幼儿尝试分辨不同乐器发出的声音，同时感受不同的节奏。

活动名称：小火车（亲子游戏）

（适合年龄：12～18个月）

活动目标：

（1）感受《小火车》的音乐节奏，享受跟随音乐律动的快乐。

（2）初步感知集体活动的潜在规则（跟随节奏、互相合作等）。

活动准备：

音乐《小火车》。

活动过程：

1. 亲子音乐游戏

（1）教师：接下来，我们来听一段音乐，它叫《小火车》。请家长和宝宝一起做火车的车厢，我们一起开动起来。

（2）教师播放《小火车》，请家长和婴幼儿围成一个圈，手拉手，跟随音乐的节奏走。（可重复做两次）

2. 音乐会

（1）让婴幼儿按照自己的意愿选择一种乐器。

▲ 图5-8 婴幼儿选择乐器

（2）跟随《小火车》音乐中的节拍敲打乐器。

3. 结束

请婴幼儿将乐器归还回来，放入玩具筐内。

第三节　2～3岁婴幼儿音乐智能区的环境创设

一、2～3岁婴幼儿音乐智能发展的特点

2岁之后的婴幼儿开始能逐步完整地唱一些短小的歌曲或片段。但由于他们对歌词含义的理解能力有限，听辨和发出语音的能力也较弱，所以发音错误的情况十分普遍。同时，3岁之前的婴幼儿在集体歌唱中还不懂得自己的声调要与他人协调一致，对此成人不用太过要求。此外，该阶段的婴幼儿会力求跟上音乐的节奏打节拍，并且对打击乐活动很感兴趣。

在2.5～3岁时，婴幼儿的手指能在琴键上准确地按下自己想听的音符，能随音乐而动并配合音乐节奏，能使用小的打击乐器，例如摇铃、手鼓等，因此成人可以为这个年龄段的婴幼儿选择一些简单的打击乐器来培养他们的节奏感。

二、2～3岁婴幼儿音乐智能区的材料选择和空间创设

（一）2～3岁婴幼儿音乐智能区的创设目标

根据2～3岁婴幼儿音乐智能的发展特点，该阶段音乐智能区创设的目标可归纳为以下几点：

- 能安静并认真地倾听音乐，感知不同的音量、音调和音色，体会节奏的变化。
- 能初步感知音乐所表达的意境。
- 能完整地唱3～4首简短的歌曲，并知道歌名和歌词的大概意思。
- 会基本正确地随着音乐节奏使用打击乐器。

（二）2～3岁婴幼儿音乐智能区的创设和材料选择

2～3岁婴幼儿音乐智能区的环境创设总体要求与0～2岁的差别不大，但是需要说明的是，在0～2岁婴幼儿音乐智能区的创设和材料选择中，我们为了能更清晰地分析区域，故将感受区和表达区分为两个部分进行阐述，但这不代表音乐感受区和音乐表达区必须是两个分割的区域。其实在一定程度上，音乐感受区和音乐表达区是可以合二为一的，因为婴幼儿会根据自己对音乐的感受和理解，利用物品、声音或肢体动作来表达。如果音乐感受区和音乐表达区分割得过于明显，将会阻碍婴幼儿音乐智能的发展。

由于成人要让2～3岁的婴幼儿在感知音乐的基础上使用不同的乐器进行表达，因此，音乐智能区要能让婴幼儿独立体验各种乐器。通过演奏乐器，婴幼儿能学习音准、音色、声音的品质等。为了帮助婴幼儿跨越体验阶段，成人还可以提供录音材料，让他们可以使用伴奏和简单旋律来演奏。成人可以将以下材料添加到音乐智能区中，从而帮助婴幼儿学习乐器。

▲ 图5-9 音乐表达区
婴幼儿可以独立使用音乐表达区中的乐器。

- 提供各种能体现不同文化的高品质乐器。
- 提供录有不同节奏的录音带,从而满足不同婴幼儿的发展需求,供他们在演奏乐器时使用。
- 发现生活中可以当作乐器的用品,例如在罐子里添加不同量的水;锅、碗、杯子等也可以用作乐器。此外,教师还可以鼓励婴幼儿自己制作乐器。

▲ 图5-10 钢琴　　▲ 图5-11 架子鼓　　▲ 图5-12 乐器组合套装

除此之外,辅助材料的投放能增加音乐智能区的乐趣,提升婴幼儿参与的积极性,同时还能增进婴幼儿对于音乐的理解,提升领悟力。成人可以选择的辅助材料包括以下几种:

- 画有身体不同部位的图片,如:手、肘、膝盖和脚等,让婴幼儿使用卡片来创作身体音乐。
- 打印音乐示例,供婴幼儿借鉴。
- 提供录音设备,允许婴幼儿记录和聆听自己创作的音乐。
- 提供舞蹈道具,让婴幼儿可以利用舞蹈道具表达自己对音乐的感受。
- 用于绘制音乐节拍的纸张和标记,允许婴幼儿通过自己的方式进行创作。
- 各种乐器的图片,当播放乐器的声音时,出示相应的乐器图片。

- 各种声音的录音，如：鸟叫声、火车声等。成人运用这些录音可与婴幼儿玩声音匹配的游戏，教师根据所投放的声音，添加每种声音的图片卡，以便婴幼儿在听到声音时可以选择对应的卡片；也可以玩音高游戏，例如让婴幼儿听到高音就站起来，低音就蹲下。

音乐智能区中材料的投放除了要种类多样且品质高之外，还应该根据该阶段婴幼儿音乐智能发展的特点来设置，如此才能促进他们音乐智能的发展。

三、2～3岁婴幼儿音乐智能区的活动示例

活动名称：海底总动员

活动目标：

（1）能通过感受音乐的节奏和旋律，尝试用身体动作来表现。

（2）能大胆地用生活物品或乐器来表现对音乐的感受。

（3）喜欢听音乐，初步发展婴幼儿对音乐的欣赏能力。

活动准备：

（1）海底世界的场景、七彩变色旋转夜灯1个、海浪鼓、《海浪》音乐。

（2）《水母》《海龟》《小鱼》《大鲨鱼》和《螃蟹》的音乐，动态图片以及动物头饰。

▲ 图5-13　海浪鼓

（3）彩色丝巾。

（4）裁剪成海龟手臂形状的深绿色纸板、塑料剪刀、250毫升的空可乐塑料瓶。

活动过程：

1. 聆听感受

（1）设置海底世界的场景，出示七彩变色旋转夜灯和海浪鼓。

教师：宝贝们，看！我们来到了哪里？今天我要带你们畅游海洋世界，我给你们带来了一个神秘的宝贝，请你们闭上双眼，一起来听听是什么声音？

（2）聆听声音，婴幼儿说说对声音的感受。

教师慢慢摇动海浪鼓，让婴幼儿大胆想象并表达对声音的感受，可参考的提问有：

- 你们听到了什么声音？
- 这个声音像海浪的声音吗？
- 这海浪的声音是谁发出来的呢？

2. 音乐体验

（1）教师给每名婴幼儿发一个海浪鼓，请婴幼儿观察并探索海浪鼓的构造。

① 探索并观察海浪鼓的构造，让婴幼儿感知海浪鼓的声音特点，可参考的提问有：
- 它是什么形状的？
- 它里面装的是什么？
- 它为什么会发出海浪的声音？

② 教师可结合婴幼儿的已有经验提问，如他们缺乏相关的经验基础，教师可让他们多听几次，帮助他们增加经验。

③ 教师在婴幼儿使用海浪鼓的时候，要提示他们轻轻地、慢慢地摇动才会发出海浪的声音。

教师小结：它叫海浪鼓，但是它不能用来敲。我们需要把鼓面端平，放在耳朵旁边，轻轻地倾斜出一个小角度，鼓里的小珠子就会从高的一端滚向低的一端，滚动的过程中会发出"哗哗"的声音，非常像大海海浪的声音。

（2）播放海浪音乐，请婴幼儿用海浪鼓进行伴奏。

3. 音乐表现

依次播放《水母》、《海龟》、《小鱼》、《大鲨鱼》、《螃蟹》的音乐和动态图片，同时给婴幼儿带上相应的头饰，并用相应的材料请他们尝试以身体动作来表现自己对音乐的感受，教师巡回指导。

（1）出示水母图片，播放《水母》音乐，同时给每名婴幼儿发丝巾，请婴幼儿跟随音乐表现水母在水中的状态。

教师：宝贝们，它是谁？（水母）我们看看他们在海洋里是怎么活动的。

（2）出示海龟动态图片，播放《海龟》音乐，同时每名婴幼儿发海龟头饰及手臂形状的纸板，请婴幼儿跟随音乐表现海龟在水中的状态。

（3）出示小鱼动态图片，播放《小鱼》音乐，同时给每名婴幼儿发小鱼头饰，请婴幼儿跟随音乐用手扮演小鱼游的状态。

教师：许多小鱼宝宝们游来了！它们活泼、可爱，就像小朋友们一样。

（4）出示大鲨鱼动态图片，播放《大鲨鱼》音乐，同时给每名婴幼儿发大鲨鱼头饰及250毫升的空可乐塑料瓶，请婴幼儿跟随音乐表现大鲨鱼在水中的状态。

教师：我们在海里游得真开心。听！是谁来了？是凶恶的大鲨鱼。

（5）出示螃蟹动态图片，播放《螃蟹》音乐，同时给每名婴幼儿发螃蟹头饰及塑料剪刀，请婴幼儿用塑料剪刀跟随音乐表现螃蟹的状态。

教师：我们往岸上游一下吧！瞧！螃蟹先生来了。

4. 家庭延伸

家长可以探索家中的生活材料，看看哪些可以发出声音，并让婴幼儿说说这些声音像什么物体发出的。

第四节　教师在 0～3 岁婴幼儿音乐智能区中的作用

早教机构的教师对促进婴幼儿音乐智能的发展有着重要的作用，主要包括以下五点。

一、提供音乐体验，并利用音乐帮助婴幼儿整合其他领域的技能

即使没有教师的干预，婴幼儿也是天生的、本能的音乐"创造家"。然而，如果我们有意识地唱歌和演奏乐器给他们听时，他们更有可能会提前发展音乐智能。因此，让婴幼儿接触不同风格的音乐是很重要的。例如，婴幼儿可以通过学习不同的乐器和歌曲，聆听不同文化的音乐来了解更为多样的价值观和习俗，而这些经验也让婴幼儿能更有兴趣地去接触不同的文化。早教机构是向婴幼儿介绍广泛的音乐类型和提供多样的音乐体验的理想场所之一，教师可以将音乐融入婴幼儿的一日生活之中，以此来丰富婴幼儿的音乐体验。

此外，教师还可以通过音乐来增强婴幼儿其他领域的智能。例如，教师可以提供能够强化婴幼儿正在学的知识概念的歌曲，如：颜色、身体部位等；还可以将一些儿歌和诗词编成歌曲，以此来提升婴幼儿的语言能力。

二、介绍乐器和简单的音乐知识

为了让婴幼儿能充分利用音乐智能区的材料，发展更高级的音乐智能，教师需要向他们介绍材料的使用方法，例如演示如何使用或保护乐器等。此外，教师还需要介绍一些简单的演奏知识，比如讨论音乐的速度和节奏等。但要注意的是，面对 0～3 岁的婴幼儿，介绍音乐知识时要使用通俗易懂且有趣的语言，同时不强求所有的婴幼儿都能理解和掌握，让婴幼儿有个初步的印象即可，因为婴幼儿在与周围环境的互动中会进一步获得发展。因此，音乐知识也会随着他们接触乐器或欣赏音乐的经验的逐渐增加而被领会和掌握。

三、观察和记录婴幼儿音乐智能的发展

教师可以通过观察和记录婴幼儿在音乐智能区的表现来评估婴幼儿的能力，比如可以观察以下几点：

- 能否随音乐跳舞？
- 能使用声音表达自己对音乐的感受吗？（如：唱各种简单的歌曲等）
- 能演奏一些简单的乐器吗？（如：在乐器上创造简单的旋律等）
- 能否识别各种不同的声音？

观察、记录婴幼儿音乐智能的发展情况，有利于教师的个别化指导，从而能更好地促进婴幼儿音乐智能的发展。

四、创设户外音乐智能区

如果有条件,教师可以创设户外的音乐智能区。户外的音乐智能区能为婴幼儿提供一个独特的音乐环境,婴幼儿可以用力敲打可发声的物品,可以大声地唱歌,也可以有更大的空间自由舞动,并且能聆听自然的声音(如:水流声、鸟叫声、树叶的沙沙声等)。因此,户外音乐智能区比室内的约束力更小,教师能在这里为婴幼儿提供更为丰富的材料。

五、处理音乐智能区中可能出现的问题

在音乐智能区可能会出现各种问题,但其中缺少乐器和噪音这两个问题是最主要的。在资金短缺的情况下,教师可以采用自制乐器或者利用日常用品等方式来解决这一问题,例如使用锅、碗等物品来充当乐器供婴幼儿敲打。另外,音乐智能区中噪音的存在是难免的,教师要尽量避免过度噪音。减少噪音的方式有:

- 鼓励婴幼儿有目的地探索声音的音质,而不只是发出噪音。
- 选择合适的室内乐器。
- 设置吸音材料。

思考题

1. 如何创设符合各年龄段婴幼儿特点的音乐智能区?
2. 婴幼儿音乐智能的发展能否促进他们在其他领域的能力的发展?
3. 依托环境和材料,为2～3岁婴幼儿设计一个音乐节奏方面的活动。

第六章 空间智能区的创设

学习目标

1. 掌握0～3岁婴幼儿空间智能发展的特点。
2. 了解婴幼儿各年龄段空间智能区环境创设的目标与注意点。
3. 了解积木搭建对婴幼儿发展的价值。
4. 学会依托环境和材料，为各年龄段婴幼儿设计适合其空间智能发展的活动。

内容脉络

空间智能是指人们利用三维空间的方式进行思考的能力，是在脑中形成一个外部空间世界的模式，并能够运用和操作这一模式的能力，这项智能包括对色彩、线条、形状、形式、空间及它们之间关系的敏感性。常见的空间智能区包括艺术区、积木区、沙水区，下文将按这三种分区类型进行详细介绍。

> 天花板上的绿色植物搭配五彩灯饰，为整个迷宫增添了神秘感。

▲ 图6-1 拼图迷宫可以帮助婴幼儿发展空间智能

拓展阅读

空间智能突出的代表人物

毕加索是西班牙画家、雕塑家，是现代艺术的创始人，西方现代派绘画的主要代表，他的作品包括油画、素描、雕塑、拼贴、陶瓷等。毕加索于1907年创作的《亚威农少女》是第一张被认为有立体主义倾向的作品，是一幅具有里程碑意义的著名杰作。这幅画在以后的十几年中竟使法国的立体主义绘画得到空前的发展，甚至还波及芭蕾舞、舞台设计、文学、音乐等其他领域。《亚威农少女》开创了法国立体主义的新局面，毕加索与勃拉克也成了这一画派的风云人物。

▲ 图6-2 毕加索

第一节
0～1岁婴幼儿空间智能区的环境创设

一、0～1岁婴幼儿空间智能发展的特点

人区分形状和大小的能力从婴儿期就开始发展了。有研究者以婴儿注视图案时间的长短为指标，测量他们对各种图案的知觉。结果表明，几个月大的婴儿也能对一些视

觉图形加以区分，比如他们注视有图案的圆盘的时间要长于对纯色圆盘的注视时间。此外，研究人员还发现，婴儿的视觉偏爱现象发生得更早。在对新生儿进行的一项实验中，新生儿对正常人脸图形的喜爱程度高于对非正常人脸（眼、耳、口、鼻混乱排列）的喜爱。因此，儿童视觉区分图形形状的能力自婴儿期开始已逐渐发展。6月龄左右，随着婴儿手眼协调能力的发展，他们开始积极地感知周围物体的外形。比如在积木区中，他们先是探索、认识积木，没有明显的搭建行为，喜欢抱着积木到处走，以推、压、拉、咬等动作去接触、探索积木。大约在2岁之后，婴幼儿开始逐渐感知不同形状、材质的积木。

关于婴幼儿感知色彩能力的发展，3个月之前的婴儿只能感知黑白色的物体，并且视物距离只有20～30厘米。3～6个月的婴儿开始进入色彩感知期，他们开始可以感知红、黄、蓝三原色，因为三原色纯度高，易于辨认，并且视觉范围扩大到1～2米。6个月后，婴儿可以感知橙色、绿色等颜色。在绘画方面，婴幼儿会经历涂鸦期、象征期和概念画期[①]。涂鸦期大约开始于1岁左右。这时的婴幼儿能够独立行走，所以双手探索更为自由，开始用他们能接触到的工具（如：蜡笔、粉笔等），在能留下痕迹的地方涂涂画画。当他们看到自己涂画出来的线条、痕迹时，会感到十分兴奋与满足。

在声音方位辨别方面，由于在语言智能区中已作介绍，这里就不再展开。

二、0～1岁婴幼儿空间智能区的材料选择和空间创设

（一）0～1岁婴幼儿空间智能区的创设目标

根据0～1岁婴幼儿空间智能发展的特点，该阶段的空间智能区可以划分为艺术区和积木区，因此，创设的目标可归纳为以下几点：

- 能辨别黑色、白色以及三原色。
- 能初步感知身边的图形，对形状感兴趣。
- 喜欢涂鸦。
- 愿意感知、探索积木。

（二）0～1岁空间智能区的创设和材料选择

1. 艺术区

艺术是一种发散思维的工具，是可以让不会写字的婴幼儿把想法展示出来的方式。让婴幼儿参与艺术活动，可以增加他们的艺术知识、技能和创造力，同时增强他们认知、情感、社会性和身体的发展。

艺术的学习虽然不只是发生在一个区域（婴幼儿可以从图画书中学习艺术，在其他区域的墙面图片上学习艺术），但是有一个专门的区域让婴幼儿可以专注于创作和学习艺术是很重要的。艺术区可以是一个单独的房间，如瑞吉欧学校的工作室，也可以是房

---

① 吕耀坚.幼儿绘画能力的发展与引导（上）[J].幼儿教育，2003（13）：16—17.

▲ 图6-3 不适合0～1岁婴幼儿的创作环境

0～1岁的婴幼儿还处于上肢大肌肉发展的阶段，因此对于手部精细动作的控制能力较弱，画画时经常会敲敲打打地画出点状，或用整只手抓住笔画弧线。因此，他们不能很好地在一张白纸上作画，而是适宜在更大的空间挥动手臂大肌肉创作。

▲ 图6-4 工作服可以防止婴幼儿把衣服弄脏

▲ 图6-5 多名婴幼儿共同创作同一幅作品

间内的某个区域，但无论是哪一种艺术区，成人都要注意以下内容：

- 要有充足的自然光和人造光。
- 桌面易于清洁，或是在桌上覆盖桌垫。地面也要易于清洗且能防水，可以铺设瓷砖。墙面也要易于清理。对于婴幼儿而言，墙面也可以用来创作，成人可在墙上刷涂鸦膜，以便清洗。另外，成人最好帮婴幼儿配置工作服，还要提供小抹布、扫把等工具，以培养婴幼儿收拾整理的习惯。
- 提供一个能让婴幼儿专心创作的安静空间，并且要足够大，这样才能让他们创作大幅作品，可以让许多婴幼儿同时创作同一幅作品。
- 要设计有助于晾干作品和存储已完成作品的空间，以及用于展示艺术创作（平面和立体）的空间。
- 提供安全的、丰富的、高品质的、真实的材料和工具，并且要有摆放整齐有序的储物柜。成人要将活动材料分类放置，让婴幼儿可以轻松获取材料。此外还需要注意根据婴幼儿的需要及时补充材料。
- 提供丰富的现实生活中的物品和照片等供婴幼儿参考，以激发其创作灵感，同时也能为婴幼儿提供艺术欣赏的机会。

在材料的投放方面，主要可投放各种不同色彩的笔和供婴幼儿涂鸦的画纸，也可以设置涂鸦墙。

2. 积木区

积木建构在早期儿童教育中有着丰富

（a）画纸　　　　　　　　　　　　　（b）婴幼儿在示范操作

▲ 图6-6　可擦除的涂鸦画纸，便于婴幼儿进行涂鸦

▲ 图6-7　芝加哥儿童博物馆

在芝加哥儿童博物馆中，有一面墙专门用来给婴幼儿画画。只要有水即可在石头上作画，等水干后又可以再次创作。

的历史。幼儿园之父福禄贝尔被认为是第一个使用积木作为系统课程的组成部分的人，蒙台梭利也将积木作为材料的一部分，但是他们都要求婴幼儿以规定的方式使用积木。现在出现了单元积木，即两个较小的积木合起来等于一个较大的积木，它可以让婴幼儿按照自己的想法进行建构。除了常规的积木之外，教师还可以选择投放如废旧鞋盒、塑料碗、塑料杯、填充了废旧报纸的纸袋等物品来作为积木的替代物，允许婴幼儿感知不同属性的建构材料，获得不同的建构机会和体验。

根据该年龄段婴幼儿的特点，他们的积木建构还处于搬运、装满、倾倒阶段，他们

▲ 图6-8 婴幼儿用嘴探索积木

不搭建也不排列，即该阶段的婴幼儿更多是拿着、抱着积木到处走，或是在地上随意地摆放。这个阶段的婴幼儿正在熟悉和感受积木的大小、重量、形状等属性。

成人可以提供不同类型的积木让婴幼儿进行感知和探索。但要提供材质安全的积木且要定期消毒，因为小年龄的婴幼儿喜欢用嘴探索物体。此外，为了给婴幼儿提供丰富的建构体验，成人要投放足够的不同尺寸和类型的积木材料，以及不同尺寸的容器，以帮助他们发展空间和形状的概念。另外，为了便于婴幼儿取放积木材料，成人可将积木分门别类地放在做好标记（如将积木的轮廓或照片等贴在盒子上）的收纳盒中，然后再将收纳盒放置在开放式的柜子上。

（a）木质积木　　　　　（b）磁铁积木　　　　　（b）管状积木

▲ 图6-9 不同类型的积木

三、0～1岁婴幼儿空间智能区的活动示例

活动名称：会动的箱子

（适合年龄：6～12个月）

活动目标：
（1）能追视物体，对追视的空间建立概念。
（2）通过追视感知前后远近。

活动准备：
障碍物、发条类玩具、纸箱子（箱子上拴好绳子）。

活动过程：

1. 移动玩具

（1）在婴幼儿面前放一个箱子，让发条玩具由箱子右侧经箱子背后向左移动，观察婴幼儿视觉的反应。

（2）再让玩具反方向（从左到右）移动一遍，观察婴幼儿的视觉反应。

（3）同样的动作反复多次，观察婴幼儿的反应。

2. 会动的箱子

（1）拉住拴在箱子上的绳子，让箱子绕着婴幼儿移动。

（2）让箱子以婴幼儿为中心忽远忽近地移动。

（3）同样的动作反复多次，观察婴幼儿的反应及追视能力。

第二节　1～2岁婴幼儿空间智能区的环境创设

一、1～2岁婴幼儿空间智能发展的特点

1岁以后的婴幼儿能辨别不同的色彩，能分清有明显大小差异的物体，已经有了对物体形状恒常性的认识，能感知并区分方形、三角形和圆形。为了发展婴幼儿关于大小、形状的知觉，成人要鼓励婴幼儿多看、多摸、多操作，例如：鼓励婴幼儿将各种不同形状的木块放在相同形状的凹槽之中；也可以玩"七巧板"的游戏，即将各种形状的木块拼成一个正方形或苹果、梨子等形状。此后，随着婴幼儿精细动作的发展，他们能垒高3～4块积木。

▲ 图6-10　形状配对玩具可以帮助婴幼儿发展空间智能

这一年龄段婴幼儿的涂鸦，起初可能没有明确的表现意图，不讲究色彩与构图，但却是他们在感知觉、动作有了一定的发展之后所做出的新探索，是一种新的动作练习，其实质是把涂鸦当作游戏，并享受由涂鸦带来的快感。随着婴幼儿这种新动作的逐渐强化，感知能力的提高，将促使婴幼儿继续探索和练习他们画出的线条，使原先杂乱的线条逐渐变得有条理。

二、1~2岁婴幼儿空间智能区的材料选择和空间创设

(一) 1~2岁婴幼儿空间智能区的创设目标

根据1~2岁婴幼儿空间智能的发展特点，该阶段的空间智能区可以划分为艺术区、积木区和沙水区。另外，该阶段空间智能区创设的目标可以归纳为以下几点：

- 能辨别多种色彩。
- 能分辨有明显大小差异的物体。
- 能初步区分方形、三角形和圆形的物体。
- 能垒高3~4块积木。
- 能尝试使用不同的工具进行涂鸦，享受涂鸦的乐趣。
- 乐于玩沙和水。

(二) 1~2岁婴幼儿空间智能区的创设和材料选择

在空间智能区的环境创设要求方面，1~2岁的与0~1岁的差别不大，但在材料的选择方面还是有所差异的。

▲ 图6-11 不同的绘画工具可以满足婴幼儿不同的需求

1. 艺术区

这一年龄段婴幼儿的主要艺术目标是探索材料和工具，他们需要有机会使用各种绘图工具和材料，并且开始探索艺术元素，尤其是颜色。每个工具都有其独特的特性，成人要允许婴幼儿根据自己的不同目的来使用它们，要为婴幼儿提供不同的绘画材料，尤其是要给他们探索的机会。例如，当婴幼儿在学习水彩颜料的属性时，成人可以让他们尝试使用不同大小的刷子，也可以通过添加不同的水量来让他们感知颜料的深浅色调，并在纸上验证。随着婴幼儿越来越熟悉材料，他们可能希望制造出特殊的效果，这时可以提供其他的物品，包括小木棒、海绵、羽毛、牙刷、毛线等，例如可以利用海绵来创造纹理或重叠的颜色等。

2. 积木区

在积木区中，成人除了提供各种类型的积木外，还可以根据婴幼儿的兴趣和需要投放配件，如：动物、人物等各式摆件。因此，成人要仔细地观察、记录并分析婴幼儿的建构行为，从

▲ 图6-12 小推车

而了解他们当前的建构水平及其兴趣和需要，适当增加或减少建构材料。例如，当婴幼儿在建构桥和道路时，成人可以添加桥和道路的图片以及玩具车。如果婴幼儿在盖一栋房子时，成人可以添加玩具人、家具、动物摆件以及房子的图片等。此外，由于年龄小的婴幼儿喜欢将材料从一个地方移动到另一个地方，所以成人还可以提供小货车或推车。

3. 沙水区

沙子可以用来挖掘和创造建筑，它是最受婴幼儿欢迎的材料之一。沙是一种天然材料，能为婴幼儿提供许多学习机会。婴幼儿在玩沙子时可以学习的内容有：沙子可以是干的或湿的；它吸水；湿沙比干沙重；不同类型的沙子有不同的材质。为了增加婴幼儿玩沙的乐趣，成人可提供铲子、运沙车等玩具。此外成人要注意，在沙坑不被使用时，我们需要用布或者网格将其盖好，这样有利于沙子保持干燥。

婴幼儿在玩水的过程中，他们的身体素质、社会技能等都会得到提升。婴幼儿还有机会从中学习许多科学概念，例如：水可以溶解一些材料；一些材料可以漂浮在水中，而另一些会下沉；一些材料吸水，而另外一些材料是防水的。成人可以通过提供以下材料来增加玩水区的趣味性：

- 有色染料。
- 乒乓球、贝壳、塑料鱼和勺子等。
- 海绵、抹布、可洗涤的娃娃、晾衣绳、衣夹和娃娃衣服。
- 水桶、吸管、勺子等用于装运水的工具。

▲ 图6-13 玩沙区的材料　　　▲ 图6-14 在玩水区投放辅助材料可以增加趣味性

成人可以将沙子和水结合起来，运用形状容器来锻炼婴幼儿的空间智能，例如：可以采用在玩沙区安装水龙头或提供循环喷泉等方式来结合沙子和水；也可以使用具有塑形功能的太空沙。通过在沙里添加水可以提高沙子的游戏价值，婴幼儿可以利用模具将湿的沙子变出各种形状。

▲ 图6-15 玩水区

▲ 图6-16 太空沙的塑形功能

拓展阅读

户外沙池的场地要求（上海）

- 沙池位置尽可能选择在向阳背风处，这有利于婴幼儿玩沙时进行日光浴，并且日常阳光照射可以对沙土起消毒作用。
- 沙池深为0.3～0.5米，其大小面积应与机构办学规模相协调。
- 沙池应使用细软天然黄沙，避免使用白沙及经工业加工的有色沙，禁用石英砂等工业用砂。沙池应确保有良好的管理状态。
- 沙池应有良好的排水性能。
- 为增加婴幼儿玩沙的兴趣，可在沙池中设置活动区，并提供多种玩沙设备。
- 尽可能在沙池的附近设置玩水区。

三、1～2岁婴幼儿空间智能区的活动示例

活动名称：积木串串串

活动目标：
（1）尝试将积木圆环套入木棒。
（2）初步感知圆环的形状和颜色。
（3）发展手的控制能力和手眼协调能力。

活动准备：
积木套柱（人手一套）。

活动过程：
1. 导入

出示其中的一个圆环，引发婴幼儿的兴趣。

▲ 图6-17 积木套柱

2. 材料体验

（1）教师介绍活动材料，演示游戏方法。

教师：宝宝看，这个玩具上面有木棒，我们拿起一个圆环，将中间的洞洞对准这个木棒，然后将圆环松开，圆环就串在木棒上了。

（2）婴幼儿自主游戏，教师巡回指导。

教师指导婴幼儿用双手进行游戏，以此培养他们双手的协调能力，同时要防止木棒戳到婴幼儿的眼睛。

（3）引导婴幼儿认识圆环的颜色。

（4）根据婴幼儿的实际操作情况，教师可适当增加难度，比如要求婴幼儿按照圆环的大小来套环。

3. 记录和分享

鼓励婴幼儿分享套圆环的方法（让婴幼儿演示给同伴看）。

4. 家庭延伸

在家中，家长可引导婴幼儿通过其他方式锻炼空间智能，例如让他们尝试进行图形配对。

第三节　2～3岁婴幼儿空间智能区的环境创设

一、2～3岁婴幼儿空间智能发展的特点

2～3岁的婴幼儿已能将较小的盒子放在大盒子里面，玩"大套小"的游戏，这是他们的大小知觉在发展。在方位知觉方面，相关研究表明，2～3岁的婴幼儿已具有辨别上下方位的能力，而前后、左右等方位可能还无法正确辨别。

随着婴幼儿动作、手眼协调和认识能力的发展，他们已能逐渐手眼协调地重复画线（如：直线、斜线等），但这些线条长短不一。之后他们还能将涂鸦线控制在画纸内，注意到涂鸦线与纸面的关系，涂鸦线的周边开始出现轮廓。再后来，由于婴幼儿肩、肘、手腕等关节逐渐灵活，他们开始能注视涂鸦时笔的运行方向，可以在纸上重复画圆。他们用这些大小不一、封口或不封口的"圆形"表示各种事物。虽然，这时手的动作还谈不上与大脑高度协调，但可以说明婴幼儿的绘画已具有了某种目的性。这一过程以及婴幼儿在此过程中所积累的经验为其绘画能力的进一步发展奠定了基础。大约在3岁左右，婴幼儿绘画能力的发展进入了象征期，这是一个过渡时期。这时婴幼儿能用极其简单的图形和线条表达他们想要表现的事物，虽然这些图形和线条与事物的真实外形相差甚远，但这是他们自己创造的象征符号，以此来

表现事物的特征，他们有了明显的表达意图，这是象征期婴幼儿绘画能力发展的主要标志。

2～3岁婴幼儿对于自己经常见到的熟悉的物体已能辨认，也能认识一些简单的图形，如圆形和正方形。但对于复杂图形的知觉还很模糊，还难以辨别两个图形的细微差别，比如，把正方形放在桌子上偏转45°后再让婴幼儿辨认，这时，由于经验的局限，他们可能会分辨不出正方形。在积木建构方面，2～3岁婴幼儿会将积木一块块往上堆叠，然后再推倒，或者将积木平放在地上，排成一长排。但是他们搭建的技巧不高，并且经常是歪歪扭扭的，对大小、形状、颜色也不是很关注，他们是在不断地堆叠中逐渐感知的。

二、2～3岁婴幼儿空间智能区的材料选择和空间创设

（一）2～3岁婴幼儿空间智能区的创设目标

根据2～3岁婴幼儿空间智能的发展特点，该阶段的空间智能区同样可以划分为艺术区、积木区和沙水区。该阶段空间智能区创设的目标可以归纳为以下几点：

- 能分辨方形和圆形。
- 开始有意识地涂鸦，出现类似"圆"的图案。
- 能辨别上下方位。
- 能垒高积木和平铺排列积木，对于按照某一特定模式放置积木不关注。

（二）2～3岁婴幼儿空间智能区的创设和材料选择

2～3岁婴幼儿空间智能区环境创设的总体要求与0～2岁基本一致，但在材料投放方面会有差别。

1. 艺术区

对2～3岁年龄段的婴幼儿来说，成人除了可以提供不同的绘画工具之外，还可以提供拼贴的材料。拼贴材料通常是可以回收的物品，如：报纸、珠子、纽扣、织物等，或是自然界的材料，如：树枝、树叶、石头等，也可以是婴幼儿自己在室外收集的自然物品。

成人可以帮助婴幼儿围绕主题创建拼贴作品，例如当进行海洋主题时，婴幼儿就可以拼贴鱼或船等。如果是平面的拼贴作品，成人可以让婴幼儿在一个透明的塑料膜上制作拼贴画，完成后，成人可以在作品的顶部放置另一张透明膜然后进行密封，以此来保存作品。

此外，成人还可以提供黏土。黏土是一种天然材料，能较好地保持作品的形状。在介绍黏土材料时，成人可以让婴幼儿先不使用工具，只是单纯体验一下黏土。例如，成人可以在艺术区与婴幼儿坐在一起，帮助他们发现改变黏土形状的方法，如用手搓、捏等。之后，成人可以给婴幼儿提供工具，如：塑料刀、擀面杖、勺子等，让婴幼儿进行自由创作。

▲ 图6-18 艺术区

成人在艺术区里为婴幼儿提供了丰富的材料以供其创作,包括各种各样的笔、自然材料等。

▲ 图6-19 自然界中的材料

自然界中的材料,例如石头、树皮、松果、树叶甚至大米等都可以成为婴幼儿创作的材料。亚特兰大国际学校就是用这些自然界的材料让婴幼儿创作出了自己的作品。

▲ 图6-20 陶土

▲ 图6-21 超轻黏土

2. 积木区

这一年龄段的婴幼儿大多处于堆高、平铺、重复搭建积木的阶段。在该阶段，他们开始把积木堆成高塔或排成长条形，进行早期的搭建活动。他们可以将积木水平摆放成几行，或把积木一块块堆高，也会尝试将积木首尾相接地平铺在地上。待婴幼儿慢慢地积累了平铺和堆高等经验后，才会发展到下一个阶段。

◀ 图6-22 堆高（左图）、平铺（右上图）和重复（右下图）

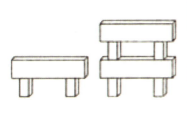

▲ 图6-23 架空（左图）、围合（中图）、模式（右图）

在经历前面的堆高、平铺和重复搭建积木阶段后，一些婴幼儿开始探索积木搭建的其他方式，如：架空、围合、模式等方法。架空是指把两块积木像柱子一样竖起来，然后在这两块积木上边搭第三块，这需要婴幼儿经历很多次的尝试，准确估计、调整三块积木间的空间距离才能熟练掌握。围合是指至少用四块积木形成一个包围圈，把一块空间完全地包围在里面。模式是指将积木按照一定的方式有规律地摆放和组合在一起。这一阶段的婴幼儿开始注意搭建时的平衡、对称等问题。

▲ 图6-24 芝加哥实验学校
芝加哥实验学校的建构区有着稳定的建构表面，且大部分区域都铺有地毯，以此降低建构时的噪音。

▲ 图6-25 墙上的积木区
将积木设置在墙上既可以节省空间，又可以长时间地保留婴幼儿的作品。

为了给婴幼儿提供一个干扰较少的环境，积木区需要一个稳定的建构表面，还要能减少建构时的噪音，例如，我们可以选择平坦的地毯，这样可以减弱积木意外掉落时的噪音。另外，积木区需要有足够大的空间，以允许婴幼儿自由建构，同时能减少冲突，防止作品被意外破坏。在空间有限的情况下，我们可以考虑通过设置积木墙来节省空间。此外，我们也可以考虑创设室外积木区。室外区域能允许婴幼儿建构更大的作品，可以让他们有更多的机会与天然材料进行接触，同时为大肌肉动作的发展和同伴合作提供机会。

在积木区中，成人还要提供不同类型的积木，如：磁力片、雪花片、扭扭棒等，以满足不同婴幼儿的发展需求。此外，成人还要注意积木的收纳整理问题。如有可能，最好能按照数学关系进行摆放，例如，将大块的积木放置在存储柜的最底层，然后从下往上，积木体积逐渐缩小。这有助于存储柜的平稳摆放，使婴幼儿可以更安全、更容易地取放积木。

（a）扭扭棒　　　　　　　　（b）立体建构拼板积木

▲ 图6-26 不同的建构材料

▲ 图6-27 七巧板桌
这款桌子的桌角比较尖锐,成人要注意包裹安全条。

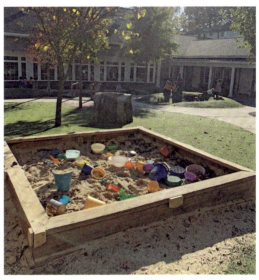
▲ 图6-28 玩沙区
成人可以在户外的玩沙区为婴幼儿提供一些模型和工具,让他们自由探索。

另外,婴幼儿的建构理念通常来自课程主题、电视以及同伴等。因此,成人可以通过投放带有结构图片的卡片、印有建筑物的日历等物品来激发婴幼儿的创意。

3. 沙水区

在1~2岁沙水区的基础上,成人还可以投放用于下沉和漂浮实验的材料,看看哪些材料会下沉,哪些材料会浮起来,让婴幼儿能够初步感受科学的奥秘。

三、2~3岁婴幼儿空间智能区的活动示例

活动名称:小小建筑师

活动目标:
(1)练习堆高、连接、建构。
(2)体验自选玩具的快乐。

活动准备:
准备种类丰富的建构玩具,如木质积木、塑料积木、泡沫积木等。

活动过程:

1. 导入
出示泡沫积木,引起婴幼儿建构的兴趣。

2. 教师示范
教师一边示范一边堆高说:一块一块轻轻地放,要对对齐,然后一块接一块,

还是要对对齐。

3. 婴幼儿自主游戏

（1）引导婴幼儿选择一个自己喜欢的建构材料，并将它放置在桌旁。
（2）引导婴幼儿自行搭建，教师巡回指导和鼓励。
（3）游戏结束后，引导婴幼儿将积木分类收拾，并送回玩具架。

4. 家庭延伸

在家中，家长可引导婴幼儿继续进行堆高的游戏。

第四节 教师在0～3岁婴幼儿空间智能区中的作用

一、教师在艺术区中的作用

（一）鼓励婴幼儿参与艺术活动

为了创造艺术，婴幼儿必须有他们想表达的感觉和想法。如果缺乏有意义的个人经验，他们的作品就会变得僵硬。因此，教师要多鼓励婴幼儿参加各类艺术活动，让婴幼儿从日常生活中获得灵感，多走进自然，去自然里寻找艺术创作的灵感。教师需要确保艺术区的材料能反映文化多样性，并满足不同能力婴幼儿的需求。

（二）与婴幼儿开展艺术讨论

在讨论艺术时，教师可以和婴幼儿说说艺术元素，并询问他们关于主题制作方法等方面的问题；可以将两件艺术作品进行比较，让他们谈谈看法；还可以询问婴幼儿对作品的感觉，让他们想象自己置身于这幅艺术作品中。

（三）教授艺术创作的表现方法

教授婴幼儿艺术创作的方式主要有两种：不干涉法和探索法。

不干涉法也被称为过程导向法，指教师提供各种材料，鼓励婴幼儿进行自由探索，这种方法强调的是过程，而非结果。但是这种方法存在一定的问题，原因是婴幼儿对美的感知力以及自身的形象思维还处在启蒙阶段，缺乏相应的表现能力，若任凭其自由发挥，而没有正确的示范、引导，就会出现空有过程而没有结果的情况，从而使他们失去学习的兴趣。长此以往，婴幼儿的创作欲望可能会被无情扼杀。而当教师在适当的时候，出示富有美感的示范作品时，婴幼儿就能够近距离且直观地感受并体验美。当美好的事物作用于人的感官，就会引起心理上的共鸣，从而使婴幼儿产生表现美和创造美的意识，并使这种情感态度转化为持久的兴趣。

探索法是指婴幼儿在开始阶段仍然会花时间探索材料和元素，然后教师通过向婴幼儿提供关于该主题的背景知识和艺术表现方法来支持其学习，最后婴幼儿根据自己的理解进行创作。运用这种方法时，婴幼儿能经常回顾他们的作品，从而更多地了解艺术，同时深化他们对世界的认识。

▲ 图6-29　手指点画、毛线拖画、树叶拓印、宣纸印染

（四）展示和讨论婴幼儿的作品

当婴幼儿看见自己的作品被展示出来时，他们创作的兴趣和信心也会得到提升。在早期教育机构，婴幼儿作品展示的方式有以下两点：

- 装裱婴幼儿的艺术作品，包括他们对作品的描述以及创作过程，例如创作该作品时的照片等。教师可以将装裱好的作品挂在墙上或天花板上，以此作为机构的装饰物。
- 安装几种不同尺寸和颜色的树脂玻璃，教师可以很容易地把作品贴在上面或取下。

认可婴幼儿作品的另一个重要方式是与他们谈论作品。在讨论过程中，教师可以帮助婴幼儿描述他们的创作意图，使他们能更深入地思考自己的创作；也可以评估婴幼儿的理解和学习程度，并提供

▲ 图6-30　将婴幼儿的作品在教室中展示

额外的相关信息。但要注意，不要询问婴幼儿作品中的内容是什么或试图猜测，因为成人可能难以理解婴幼儿的想法，胡乱的猜测会让他们失望，可能会产生自己画得不好的误解。此外，教师要避免判断性的陈述，例如"这幅画真美"，这种表扬方式并不能让婴幼儿知道自己的作品好在哪里。教师与婴幼儿讨论作品的角度可以是：① 请婴幼儿简单描述自己的作品。② 讨论创作的方法，例如"你是怎么将两块黏土粘在一起的？"③ 描述欣赏作品时的感受。④ 鼓励婴幼儿注意他人的作品。

（五）观察和记录

教师记录婴幼儿作品的方式有很多种，例如：可以将婴幼儿的作品保存在作品集中；添加轶事记录和婴幼儿创造作品时的照片等。但是教师在观察和记录婴幼儿的创作过程时，要考虑以下问题：

- 婴幼儿在作品中表达了什么想法？
- 婴幼儿喜欢使用什么材料？是否能够成功使用这一材料？创作的时长是？
- 婴幼儿使用的是什么艺术表现方式？
- 婴幼儿能使用不同的材料创造同一主题的作品吗？
- 婴幼儿能描述自己的作品吗？

评估和记录婴幼儿的创作过程能让教师了解他们所处的发展阶段，并根据他们的实际需要提供与之相匹配的材料。

二、教师在积木区的作用

（一）提供背景经验

婴幼儿的建构作品往往与他们的经验有关。为了提升这些经验，教师可以提供一些知名建筑物的照片，并与婴幼儿谈论建筑物的特征。

（二）关注和保留婴幼儿的作品

教师可能会对建构作品进行快速评论，然后拆掉作品，这会使婴幼儿常常感到自己的作品没有被教师认可，同时也会失去对自己作品反思的机会。因此，保留作品是很重要的，教师可以允许婴幼儿保持其作品的结构，直到完全完成构建或没有使用价值为止。如果空间不足，教师可以采用拍摄照片的方式来保留作品。

（三）建立有利于建构的规则

为了保证积木区的秩序，制定规则是必不可少的。例如：只有在获得建构者同意时才可以拆除其作品；不要将积木搭得太高，以免掉落时砸到其他婴幼儿；当建构结束时，要将多余的材料放回存储柜等。但要注意的是，这些规定并不是一成不变的。

（四）与婴幼儿互动，满足其需求

在积木区中，教师可以与婴幼儿进行互动，从而使建构活动更顺利地开展。具体的方式有：① 示范并和婴幼儿一起建构。② 当婴幼儿看起来"被卡住"时，给出建议。

一把椅子

在一次积木区活动中，3岁的冰冰将椅子带到了积木区，起初，老师要求他放回椅子，因为积木区内不允许带入其他区域的物品。但后来老师默许了冰冰的这一行为。老师惊奇地发现，冰冰将椅子作为船长的指挥所，用它命令积木建构宇宙飞船。在这种情况下，椅子是一个重要的标志，彰显着船长的地位。

③ 倾听婴幼儿对作品的说明。④ 提出问题，帮助婴幼儿进行更深入的思考。

当与婴幼儿互动时，教师要注意不能主导婴幼儿的游戏，因为这可能会导致婴幼儿在游戏体验中花费更少的时间。

（五）观察和记录婴幼儿的活动情况

教师可以在观察和记录的同时对婴幼儿进行评估，可以使用许多不同的工具来评估婴幼儿，包括观察、检核表、轶事记录、照片或视频等。具体的评估内容可以有：

- 婴幼儿当前处于建构的哪一个发展阶段？是重复建立同样的结构还是不同的结构？
- 婴幼儿是如何解决问题的？是不断试错还是询问或观察他人？
- 婴幼儿如何与他人进行互动，是单独游戏、平行游戏还是合作游戏？
- 婴幼儿是否会给予同伴口头或非语言指导？
- 如果发现自己所需的材料正在被同伴使用时，婴幼儿会如何处理？
- 婴幼儿在设计建构物时是否会对照照片？

三、教师在沙水区的作用

（一）保障婴幼儿的安全

教师在沙水区的主要作用就是保障婴幼儿的安全，做好定期消毒工作，同时要避免婴幼儿吞食区域中的物品。

（二）制定活动的规则，合理提供玩具和材料

玩具和材料是婴幼儿开展活动的物质基础，他们会在操作玩具和材料的过程中，获得一定的实践经验，掌握相应的知识，因此，提供合理的玩具和材料不仅可以保证区域活动的有效开展，还能为提高婴幼儿的活动水平起到关键的作用。教师除了提供必要的铲子、小桶、模具和小容器等基础材料之外，还要投放辅助性的材料，如：喷壶、小木板、树叶等。

（三）根据婴幼儿的活动情况，有效地介入指导

教师的有效指导是婴幼儿获得发展的保证。教师要观察婴幼儿在活动中的表现并适时介入，以提升婴幼儿的发展水平，帮助婴幼儿解决问题。

（四）记录和评估婴幼儿的发展

教师可以通过拍摄照片的方式来记录婴幼儿的发展过程，并评估他们的发展水平，例如评估婴幼儿是处于单纯的游戏阶段，还是已经能将日常生活经验带入游戏中。

思考题

1. 2～3岁婴幼儿在绘画方面的发展有什么特点？
2. 如何促进0～3岁婴幼儿空间智能的发展？
3. 教师在积木区的作用有哪些？
4. 结合环境和材料，针对2～3岁婴幼儿的积木建构设计一次空间智能的活动。

第七章 自然观察智能区的创设

学习目标

1. 掌握0～3岁婴幼儿自然观察智能发展的特点。
2. 了解自然观察智能区环境创设的目标与注意点。
3. 了解自然观察智能对婴幼儿发展的价值。
4. 学会依托环境和材料，为各年龄段婴幼儿设计适合其自然观察智能发展的活动。

内容脉络

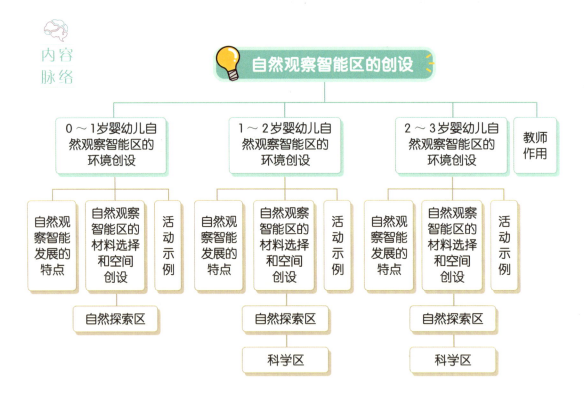

　　自然观察智能是指观察自然界中事物的各种形态，对物体进行辨认和分类，能够洞察自然或人造系统的能力。自然观察智能强的人能够认知自然界的各种动植物及其差别，并且能卓有成效地运用这种能力。对于0～3岁的婴幼儿而言，他们天生就喜欢和大自然接触，他们的自然观察智能主要表现为喜欢在户外自然的环境中游戏，对小虫、小鸟等动物有浓厚的兴趣，同时他们也喜欢花草树木等植物，并且对大自然的变化较为敏感。有研究表明，婴幼儿多与大自然接触有许多益处，例如当婴幼儿在感受四季变化、探索纯天然的材料时，他们探索科学的动力就被激发了，同时，他们进行创造性游

戏的能力也能有所增强。

自然观察智能突出的婴幼儿渴望着探索世界，在寻求更多知识储存中提出许多问题。①此外，他们还知道爱护动植物，积极关心周围的环境，主动亲近大自然，珍惜自然资源，环保意识已开始萌芽。

将可爱的南瓜、枯树枝、羽毛等自然材料结合在一起，使环境充满童趣，同时能让婴幼儿在环境中自然而然地亲近自然。

▲ 图7-1　在环境中添加的自然物

拓展阅读

自然观察智能突出的代表人物

尼古拉·哥白尼是文艺复兴时期波兰的天文学家、数学家、教会法博士、神父。在哥白尼40岁时，他提出了"日心说"，否定了教会的权威，改变了人类对自身、对自然的看法。当时罗马天主教廷认为他的"日心说"违反《圣经》，哥白尼仍坚信"日心说"，认为二者并无矛盾，并经过长年的观察和计算完成了他的伟大著作《天体运行论》。

▲ 图7-2　哥白尼

---

① 玛拉·克瑞克维斯基.多元智能理论与学前儿童能力评价[M].李季湄，方钧君，译.北京：北京师范大学出版社，2015.

第一节　0～1岁婴幼儿自然观察智能区的环境创设

一、0～1岁婴幼儿自然观察智能发展的特点

婴幼儿是天生的探索观察家，不同的成长历程会显现出不同程度的好奇心和探索能力。婴幼儿喜欢会跑、会叫的动物，最爱学认猫、狗等常见的动物。0～1岁的婴幼儿已能对家里的玩具动物表现出喜爱的情感。对于一些在日常生活中没有机会接触到的动物，婴幼儿能通过图画书记住它们。

此外，这一阶段的婴幼儿已开始喜欢看花花草草。例如，将已经会爬的婴幼儿放在户外的草坪上，他们会盯着花草看，有时还会捏住花草把玩或者往嘴里送。该阶段的婴幼儿还处于用嘴巴探索物体的阶段，因此，成人要注意婴幼儿探索时的安全问题，避免误食物体的情况。

除了对自然界动植物的关注之外，0～1岁的婴幼儿有时还会关注行星，但仅停留在认知太阳、月亮和星星的程度。

二、0～1岁婴幼儿自然观察智能区的材料选择和空间创设

▲ 图7-3　环境中的自然材料
这是用树木制成的玩具，让婴幼儿在玩的同时也能感知大自然。

（一）0～1岁婴幼儿自然观察智能区的创设目标

根据0～1岁婴幼儿自然观察智能的发展特点，该阶段的自然观察智能区主要设有自然探索区。因此，该阶段自然观察智能区创设的目标可归纳为以下两点：

- 培养婴幼儿探索大自然的兴趣。
- 能用多种感官感知大自然。

（二）0～1岁婴幼儿自然观察智能区的创设和材料选择

该阶段的自然观察智能区环境主要以户外环境为主，目的是让婴幼儿运用多种感官感知大自然。例如，听大自然的虫鸣鸟叫，闻大自然的花香，欣赏大自然的美景，感受微风的轻拂和流水的清凉等。在该阶段，成人主要为婴幼儿提供大自然中的实物即可。

三、0~1岁婴幼儿自然观察智能区的活动示例

活动名称：美丽的大自然

活动目标：
（1）初步感知大自然中的动植物。
（2）对大自然产生探索的兴趣。

活动准备：
（1）小青蛙故事的图片、动植物的图片。
（2）虫鸣鸟叫的音频。
（3）盆栽和小动物。

活动过程：

1. 导入

以小青蛙的故事导入，引起婴幼儿的兴趣，告诉他们小青蛙来自大自然。

有一只爱唱歌的小青蛙，生活在一个美丽的池塘里，池塘边上有一棵高大挺拔的松树，岸边还有五颜六色的野花和嫩绿的青草。池塘里有一片大荷叶，小青蛙每天都站在荷叶上唱歌：呱呱呱，呱呱呱，我是一只小青蛙，爱唱歌来爱玩耍，荷叶就是我美丽的家，呱呱呱，呱呱呱，我是一只快乐的小青蛙。

2. 欣赏大自然的美景

（1）教师出示图片，让婴幼儿欣赏大自然的美景，引导他们初步感知大自然的美。

教师：今天老师给你们请来了大自然的朋友，我们一起来看看都有谁？

教师给婴幼儿介绍大自然中的动植物，并告诉婴幼儿它们的名字。如果婴幼儿对其中的某张图片很感兴趣，可以多停留一段时间。

（2）聆听大自然的声音（播放音频），让婴幼儿进一步感知大自然。

（3）让婴幼儿感知大自然中的真实事物（根据场地条件而定）。

3. 记录与分享

（1）让婴幼儿选择一张自己最喜欢的图片。
（2）教师拍摄活动的照片。

4. 家庭延伸

带婴幼儿接触大自然，鼓励婴幼儿探索。

第二节 1～2岁婴幼儿自然观察智能区的环境创设

一、1～2岁婴幼儿自然观察智能发展的特点

▲ 图7-4 石头和树枝

大自然中的树枝和石头同样可以作为婴幼儿探索的材料。但是对于1～2岁的婴幼儿来说，环境的安全性是首要的原则，因此婴幼儿在使用这些材料时，成人必须在旁看护。

1～2岁的婴幼儿已经具备了行走的能力，语言能力也在发展，探索的能力也随之增强，还喜欢收集大自然中的物品，如：各种各样的石头、树叶等。同时，该阶段的婴幼儿会有很多的疑问，会经常问这个是什么？那个是什么？但是他们不满足于只知道物名，他们还要探讨这件物体有什么用。例如看到扫把，他们会问："扫把有什么用？"1～2岁的婴幼儿热衷于探索，但是同样也会有问不完的问题。

此外，1～2岁的婴幼儿很喜欢记认一些动物，他们已经能够注意到动物外形上的特点，例如小白兔的耳朵很长、大象的鼻子很长、长颈鹿的脖子很长等。

在气候方面，1～2岁的婴幼儿能感知四季的变化，尤其是夏冬这两个差异较大的季节。例如：他们知道夏天很热，可以穿得很少；冬天很冷，需要穿上厚厚的毛衣或者棉衣。

二、1～2岁婴幼儿自然观察智能区的材料选择和空间创设

（一）1～2岁婴幼儿自然观察智能区的创设目标

▲ 图7-5 让婴幼儿探索自然的材料

根据1～2岁婴幼儿自然观察智能的发展特点，该阶段的自然观察智能区主要分为自然探索区和科学区。因此，环境创设的目标可以归纳为以下几点：

- 关注动植物的外形特征。
- 能说出常见的动物名称，并能辨别。
- 喜欢探索大自然，乐于收集大自然的物品。
- 能初步感知四季的变化。
- 能初步尝试使用不同的工具探索大自然。

（二）1～2岁婴幼儿自然观察智能区的创设和材料选择

婴幼儿天生具有好奇心，所以成人提供的材料和精心设计的活动应该建立在这种好奇心上，并进而激发婴幼儿的兴趣，体验实验的快乐和探索的乐趣。

▲ 图7-6　在活动室的一角设置植物角，让婴幼儿"照顾"植物

1. 自然探索区

（1）植物类。

成人可以设置一个花园区，为婴幼儿提供一个观察植物的空间，增强他们对植物的兴趣，提升他们对自然系统和季节的了解。花园也可以成为促进婴幼儿其他领域发展的基地。

根据机构的实际空间，花园可以设置在户外，也可以设置在室内的某个角落里。成人可以充分发挥创造性，在非常小的空间中创设花园，例如在轮胎中进行种植。

（2）动物类。

成人可以在机构内饲养一些小动物，如：兔子、鸟、鱼等，让婴幼儿可以近距离观察和照顾小动物。对于体形较大的动物，成人可以设置一些动物模型，让婴幼儿观察动物的外形。

▲ 图7-7　轮胎中的种植区
成人可利用一切空间进行种植，一方面能解决空间问题，另一方面能激发婴幼儿的探索兴趣。

▲ 图7-8 绿意盎然的日本白丝台幼儿园

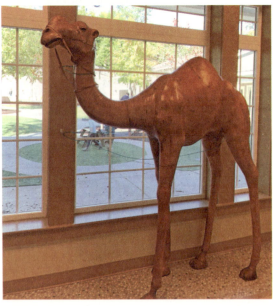

▲ 图7-9 动物观察区
成人可在环境中融入自然界中的动物,或在条件允许下引入真实的小动物。

(a) 乌龟　　　　　　　　　　　　　(b) 兔子

▲ 图7-10　在芝加哥实验学校，每间教室里都有真实的动物

婴幼儿在进行探索观察时，成人可以帮助他们提升自然观察智能，如帮助他们了解所关注动植物的特征、习性等。

案例

小动物回家

张老师在活动室中投放了一些小动物的玩偶（如：熊猫、鱼等），还放置了一些图片（如：竹子、小河等），让婴幼儿玩起了"小动物回家"的游戏。通过这个游戏来让婴幼儿分辨动物的栖息地。

2. 科学区

婴幼儿是天生的科学家，他们喜欢探索周围的世界，并且会通过他们日常经验中获得的信息来了解世界，发展关于世界如何运作的理论。成人在创设科学区时需要注意以下几点：

- 科学区要位于一个靠近窗户和水槽的安静区域，因为实验需要自然光线，也需要水进行清理。
- 储存材料的柜子要有相应的标记，便于婴幼儿取放。
- 提供足够的工作空间，因为婴幼儿可能需要将材料散布在空间中来完成活动。
- 包含可以张贴科学信息和发现的公

▲ 图7-11　工作服
科学区的工作服，可以给予婴幼儿仪式感，还能防止衣服变脏。

告板。
- 通过提供开放式的、吸引人的材料或不同难度等级的活动来满足婴幼儿不同的发展需求。此外，可以通过提供实验服来激发婴幼儿的兴趣。
- 包含探索的辅助工具，如：放大镜、滴管、秤等。
- 所有材料都是安全且可以使用的；材料是按照逻辑顺序排列的；不同的操作材料都有一个明确指定的位置进行操作；材料都在婴幼儿可获取的范围内；有完成活动的指示（如图片等）。

拓展阅读

1～2岁的婴幼儿可以学习的"科学概念"

1. 液体

该阶段婴幼儿可学习关于液体的两个重要概念：液体具有可以描述的不同性质和液体的形状随容器而变。为了帮助婴幼儿探索液体，成人可以提供照片或材料：

- 将液体滴在不同的材料上（如：布、报纸、蜡纸等），以观察不同表面的吸水性。
- 用放大镜观察水滴。
- 向不同的液体中添加水，看看会发生什么。例如，水可以和其他液体混合吗？
- 探究什么物品在水中会浮起，什么会下沉？

2. 水和冰

该阶段婴幼儿可以学习的关于水和冰的重要概念是：水可以是液体或固体，并且经过一定的条件是可逆的。

- 尝试用不同的方式让冰融化，并且比较哪一种方式最快，或者鼓励婴幼儿在房间的不同位置放置冰，看看哪个位置融化得最快。
- 用放大镜观察冰。

在这个过程中，我们要让婴幼儿接触科学的不同领域（如：物理科学、生命科学、地球和空间科学以及工程学），但是需要注意的是，这些活动要以体验为主，不要求婴幼儿掌握实际的概念。

三、1～2岁婴幼儿自然观察智能区的活动示例

活动名称：奇妙的口袋
（适合年龄：18～24个月）

活动目标：
（1）加深婴幼儿对日常生活用品的认识。
（2）锻炼婴幼儿的手部肌肉，巩固抓握动作。

活动准备：
大口袋（口袋内装有小茶杯、小勺、小碗、梳子等物品）。

活动过程:

1. 照镜子

(1) 教师手拿大口袋对婴幼儿说:"宝宝,看,老师手里拿了一个大口袋,它可不是一般的口袋,它很神奇,你的手伸进去就能拿出一个你需要用的东西。""看,老师拿了一个什么出来?""镜子。"教师手拿镜子,对着婴幼儿照,说:"瞧,镜子里有一个小朋友。"

▲ 图7-12 引导婴幼儿摸口袋

(2) 请婴幼儿也从口袋里拿出镜子照一照,做做鬼脸等。

2. 家长与婴幼儿一起游戏

(1) "爸爸和妈妈手上也有一个大口袋,请宝宝在口袋里拿一个茶杯出来。"

(2) 教师巡回指导,看看哪个宝宝拿得对。对于拿对的婴幼儿,教师可给予鼓励。"宝宝真乖,你拿的是什么?""茶杯。"

(3) 对于拿错的婴幼儿,教师要给予提示,"宝宝,你拿的是什么?听清楚,老师说的是喝水的茶杯。"

(4) 依次类推,小碗、小勺、梳子、镜子等物品的玩法同上。

3. 结束

请婴幼儿和家长一起收纳玩具。

第三节 2~3岁婴幼儿自然观察智能区的环境创设

一、2~3岁婴幼儿自然观察智能发展的特点

在观察动物方面,婴幼儿很喜欢观察动物的生活习性,如:猫爱吃鱼、狗爱啃骨头、兔子爱吃草和熊猫爱吃竹子等。1岁之前的婴幼儿还不能认识许多动物,例如看到四条腿会跑的动物都称为猫或狗。2岁后,随着认识的动物种类的增多,婴幼儿就会仔细观察它们的外形、习性等方面的不同。此外,婴幼儿还能发现有些动物小时候是虫子,长大了就

会飞（如：蝴蝶、蜜蜂等），但是要在成人指导后，他们才知道这些是昆虫。

在认知天体方面，婴幼儿能初步感知月亮的形状会随着时间的变化而变化，农历的初一、初二都很难看到月亮。有时细心的婴幼儿会知道初二的月亮像一根线，初三、初四的月亮像镰刀，初七、初八的月亮是半圆形的，十五、十六的月亮就会变成圆的等。

在季节感知方面，婴幼儿也能注意到，在不同的季节人们有不同的活动。例如，人们在冬季穿羽绒服，可以溜冰、滑雪等；在夏季会穿裙子或短裤，可以游泳、划船等；每年河水的冰融化后不久，桃花就开了，那是春天；夏天过后，路旁的银杏树就会变成金黄色，山上的枫树叶会变成红色，那是秋天。

二、2～3岁婴幼儿自然观察智能区的材料选择和空间创设

（一）2～3岁婴幼儿自然观察智能区的创设目标

根据2～3岁婴幼儿自然观察智能的发展特点，该阶段的创设目标可以归纳为以下几点：

- 能了解动物的生活习性。
- 能关注植物的外观，尝试感知植物的生长过程。
- 喜欢并乐于探索科学区。

（二）2～3岁自然观察智能区的创设和材料选择

由于2～3岁自然观察智能区环境创设的总体要求与0～2岁的差别不大，在此就不赘述，下面主要介绍材料选择方面的内容。

1. 自然探索区

为了帮助该阶段婴幼儿辨别植物的外形，成人可以准备不同种类的树叶，让婴幼儿根据树叶的颜色、大小、形状来归类。此外，成人还可以准备一些种子，让婴幼儿探索植物的生长过程。具体内容包括：

- 对种子进行排序、分类等。
- 知道不同的种子会长出不同的植物。
- 在土壤中种植种子，并观察它们需要多长时间才能生长。
- 每日为植物浇水。

丰富的探索材料

▲ 图7-13 幼儿在探索植物

2. 科学区

（1）泡沫。气泡是围绕气体或气穴形成的液体膜。成人可以在科学区投放一些与泡沫有关的材料来帮助婴幼儿了解泡沫。例如：可以提供吹泡泡机，让婴幼儿在光线下观察气泡的颜色；可以提供不同类型的洗涤剂，在洗涤剂中添加糖或甘油，让婴幼儿确定哪种泡泡水吹出的泡泡最持久。

▲ 图7-14 泡泡活动

（2）浮沉。浮沉结合了液体和固体的研究。固体具有与水的密度不同的属性，因此婴幼儿需要自主探究这些固体在水中能否浮起。成人可以提供不同重量的各种物品，如：乒乓球、网球等，让婴幼儿将这些物品放入水中，观察哪些物品会下沉，哪些会浮起。

（3）物体运动。移动物体的一种较为简单的方法就是使用斜坡。成人可以为婴幼儿创建各种各样的坡道，让他们尝试用小球等物品在不同角度的斜面、斜坡来回滚动。

（4）水的移动。成人可以为婴幼儿提供海绵、面包、吸管、滴管、漏斗等材料，让他们发现移动水的方法。

▲ 图7-15 不同坡度的轨道
轨道道具可以让婴幼儿初步理解不同坡道对小球滚动的影响。

▲ 图7-16 玩水产品
这些教育类的玩水产品能让婴幼儿在玩的过程中探索和体验水的特性。

▲ 图7-17 让婴幼儿体验磁铁的奥秘

（5）磁铁。成人可以提供各种物品，如：螺丝、纸张、硬币、橡皮筋、剪刀、橡皮擦、毛线和瓶盖等，让婴幼儿用磁铁与这些物品接触，看看哪些物品能被吸引；还可以让婴幼儿在活动室里找到能被磁铁吸引的物品；为婴幼儿提供有磁性的玩具（如：磁力片等），让婴幼儿在玩中感知磁性。

除此之外，成人还可以提供一些科学玩具让婴幼儿观察、操作和探索，这些玩具能够引导婴幼儿从游戏中获得科学操作的经验，例如镜面玩具（如：万花筒等）、平衡重心玩具（如：不倒翁、陀螺等）、风动玩具（如：风筝等）和齿轮玩具（如：机动玩具等）。如在空间有限的情况下，成人可以设置墙面科学区。

▲ 图7-18 科学区的墙面
在空间有限时，将科学区的材料设置在墙上也是一种选择。

▲ 图7-19 "释诺原创"设计的科学区

三、2～3岁婴幼儿自然观察智能区的活动示例

活动名称：动物找家

活动目标：
（1）尝试将图片与积木一一配对。
（2）发展婴幼儿的自然观察能力。

活动准备：
配对材料（人手一套）。

活动过程：

1. 导入

教师出示材料中的积木块，帮助婴幼儿认识不同的动物。

2. 教师示范操作材料

教师示范如何将图片与实物进行对应摆放。

教师：这里有五个小动物迷路了，现在我们要帮助他们，把他们送回家。

▲ 图7-20 配对材料

3. 婴幼儿自主游戏，教师巡回指导

（1）教师引导婴幼儿学会观察，并将每个小动物放置在正确的位置上。

（2）教师鼓励婴幼儿要耐心寻找正确的配对位置，引导他们通过旋转的方式将动物积木块放置到底板中。

4. 家庭延伸

家长可以拍摄一些照片，让婴幼儿在家中找到相匹配的实物。

第四节 教师在0～3岁婴幼儿自然观察智能区中的作用

为了促进婴幼儿自然观察智能的发展，教师必须建立一个有效的自然观察智能区，并确定活动形式和投放的材料。同样重要的是，在活动之前、活动过程中和活动结束之后，教师要注意与婴幼儿互动，这对婴幼儿自然观察智能的发展有重要作用。

一、选择适宜的材料

婴幼儿在自然观察区中可以体验包括物理变化、因果关系、生物和无生命物体之间的差异等内容。教师在规划自然智能区时必须考虑婴幼儿的发展水平，让他们能基于科学去理解活动，而不是将科学当作魔法。

二、激发婴幼儿进入环境和使用材料的兴趣

自然观察智能区中的材料可能是婴幼儿不熟悉的，因此即使是设计良好的自然观察智能区，婴幼儿也可能很少进入。但是通过教师的支持，就能增加婴幼儿进入该区的频率，从而促进婴幼儿更为积极主动的体验该区域。

三、为婴幼儿答疑解惑

自然观察智能区不同于其他区域,它涉及许多自然科学知识。为了有效地帮助婴幼儿了解那些动植物、科学知识,教师要提前学习这些知识,这样才能与婴幼儿分享信息并增强他们对观察内容的感知。如果遇到无法回答的问题,教师可以在查询之后再告知婴幼儿,不可因为婴幼儿年龄小就随意敷衍。

四、观察和记录婴幼儿的活动情况

观察和记录婴幼儿的活动情况有利于教师发现婴幼儿的兴趣点,进而确定他们的发展水平,从而评估活动目标的达成情况。

教师要善于发现婴幼儿的兴趣,以便能提供与他们经验相关的材料和活动,例如:教师可以与婴幼儿互动;观察他们的"工作";让家长展示婴幼儿感兴趣的物品。一旦确定了一个主题,教师就需要评估婴幼儿的发展水平,创设适宜的环境,提供合理的材料。

在婴幼儿进入环境之后,教师可以通过观察婴幼儿的探索过程或与婴幼儿进行对话来完成记录,记录可以以照片、图表等形式来呈现。当教师持续地参与评估时,他们可以根据评估信息来调整自然观察智能区,并及时向活动区添加相关材料。

教师要通过提供丰富的环境材料,利用婴幼儿天生的好奇心,协助他们学习感知自然,促进他们自然观察智能的发展。

思考题

1. 各年龄段自然观察智能区环境创设的要点有哪些?
2. 依托环境和材料,为2～3岁婴幼儿设计一个自然观察智能方面的活动。

第八章 逻辑数学智能区的创设

学习目标

1. 掌握0～3岁婴幼儿逻辑数学智能发展的特点。
2. 了解各年龄段逻辑数学智能区环境创设的目标与注意点。
3. 了解数学对婴幼儿发展的价值。
4. 学会依托环境和材料，为各年龄段婴幼儿设计适合其逻辑数学智能发展的活动。

内容脉络

逻辑数学智能是指人能够计算、量化、思考和假设命题，并进行复杂数学运算的能力，是有效地运用数字和逻辑推理以及科学分析的能力。

早在19世纪，从福禄贝尔（Froebel）设计了"恩物"开始，数学区在儿童早期的运用已有很长的历史，一直到现在，这种强调数学区角的理念继续被视为21世纪的最佳实践。因为在设计良好、发展适当的区角中，婴幼儿有更多机会可以在操作材料的同时学习数学技能和概念。例如，当婴幼儿在玩积木时，可以学习几何技能。此外，数学区的材料也支持婴幼儿进行数数、计数以及一一对应等活动。

儿童早期需要发展数学过程技能，包括问题解决、推理、交流、联系和表征等，例如在搭积木的过程中学习"如何保证积木搭得高又不容易掉下来"。这些过程技能不仅仅体现在数学能力上，还将影响婴幼儿之后的学习和生活。问题解决的常见步骤包括理解问题、制定解决问题的计划、实施计划以及反映解决方案是否有效或答案是否有意义。解决问题不仅需要婴幼儿学习和练习这些步骤，而且还需要他们获得解决问题的方案。当婴幼儿说明他们的推理，例如他们是如何得出逻辑结论、应用逻辑分类技能来解释他们的思考，或者证明他们的问题解决的方案和过程，或者应用模式和关系来获得解决方案，这些对婴幼儿的数学学习都是有意义的。同时，婴幼儿会以各种方式，例如口头或非语言沟通来分享他们有关数学的思考。此外，早期儿童数学发展最重要的联系是将操作的直接经验、非正式的数学经验和正式的学校里的数学学习相联系，将经验转化为数学专用知识。因此，教师要通过投放与婴幼儿日常生活经验相关的操作材料来帮助他们学习数学、整合经验，让婴幼儿可以将数学运用到生活中。在表征方面，教师要帮助婴幼儿组织、记录、分享信息和想法。因为婴幼儿可能会使用手指计数、绘图等方式来表征他们的知识，教师可以从中了解婴幼儿现有的发展水平，从而根据最近发展区的理论来设计适宜的环境，从而提升婴幼儿的发展水平。

▲ 图8-1 丰富的数学操作材料可以促进婴幼儿逻辑数学智能的发展

此外，婴幼儿逻辑数学智能的发展也会影响到他们在其他领域中的能力。因为数学与其他领域是有共通之处的，例如数学、音乐和读写都要使用符号，数字可以表示某一组对象，而一个音符是某个声音的符号等。由于数学和科学的过程技能有许多相似之处，因此，婴幼儿学习数学时使用的过程技能，也可以加强他们的科学过程技能。综上，教师在设计逻辑数学智能区时，要思考如何设计才能促进婴幼儿逻辑数学智能的发展，才能更好地与其他领域相联系，并增强其他领域的发展。

> **拓展阅读**
>
> **逻辑数学智能突出的代表人物**
>
> 阿尔伯特·爱因斯坦提出光子假设，并建立了光电效应方程，成功解释了光电效应，因此获得了1921年诺贝尔物理学奖，并创立了狭义相对论和广义相对论。
>
> 爱因斯坦为核能开发奠定了理论基础，开创了现代科学技术的新纪元，被公认是继伽利略、牛顿以来最伟大的物理学家。1999年12月26日，爱因斯坦被美国《时代周刊》评选为"世纪伟人"。

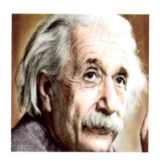

▲ 图8-2　爱因斯坦

第一节　0～1岁婴幼儿逻辑数学智能区的环境创设

一、0～1岁婴幼儿逻辑数学智能发展的特点

4个月的婴儿已经逐渐具备"客体永存"的初步意识。通过玩拉线玩具，他们能够初步意识到物体间初级的因果关系，因为一拉动线，玩具就会动。5个月开始，婴儿能初步感知到物体数量的不同（多和少），并做出不同的反应。6个月时，他们已经有了"客体永存"的意识，开始寻找被藏起来的玩具。7个月时，婴儿能感知到物体的大小区别，并能在同类物品中选择拿"大"的那个。8～9个月时，婴儿有了关于"多少"的笼统概念及明显的整体感觉。10个月左右的婴儿进一步确立了对拉线玩具的因果关系和逻辑关系。1岁左右，婴儿开始懂得用手指来表示"1"，能初步感知数概念。

研究发现，婴幼儿学习数学的心理特点，具有一种过渡的性质[①]。具体表现为以下几点：

---

① 杨得军.婴幼儿数学知识教程[M].呼和浩特：内蒙古人民出版社，2002.

- 从具体到抽象：数学知识是一种抽象的知识，获得数学知识需要摆脱具体事物的其他无关特征。然而，婴幼儿对于数学知识的理解恰恰需要借助具体的事物，从对具体事物的抽象中获得，因而也不可避免地会受到具体事物的影响。
- 从个别到一般：婴幼儿数学思维的形成，存在一个逐渐摆脱具体形象，达到抽象水平的过程，同时在对数学概念的理解上，也存在一个从理解个别具体事物到理解其一般和普遍意义的过程。

▲ 图8-3 拉线玩具

- 从外部动作到内部动作：在婴幼儿完成某些数学学习时，常常伴随着外显的动作。例如，婴幼儿在数数时往往要用手来一一点数，随着年龄的增长才能逐渐把动作内化，能够在头脑中进行数和物的对应，并直接用目测的方式数出10以内物体的数量。但是0～3岁的婴幼儿还不具备动作内化的能力。
- 从同化到顺应：皮亚杰认为，同化和顺应是儿童适应环境的两种形式。儿童在与环境的相互作用中，从同化到顺应，最终达到新的平衡，也就是儿童认知结构发展的过程。
- 从不自觉到自觉：婴幼儿往往对自己的思维过程缺乏自我意识，主要是因为其动作还没有完全内化，他们对事物的判断还停留在具体动作的水平上，无法上升到抽象的思维水平。婴幼儿思维的自觉程度与动作的内化程度有关。
- 从自我中心到社会化：婴幼儿思维的自觉程度是和他们的社会化程度同步的。婴幼儿越能意识到自己的思维，也就越能理解别人的思维。当婴幼儿只是关注于自己的动作并且还不能内化时，是不大可能和同伴产生有效合作的，同时也很难产生真正的交流。

二、0～1岁婴幼儿逻辑数学智能区的材料选择和空间创设

（一）0～1岁婴幼儿逻辑数学智能区的创设目标

根据0～1岁婴幼儿逻辑数学智能的发展特点，该阶段逻辑数学智能区的创设目标可以归纳为以下几点：

- 具有"客体永存"的意识，会寻找被藏起来的玩具。
- 能初步感知物体的大和小，但还不清晰。
- 能初步感知物体的多和少，但不能明确分辨。

- 能初步感知数字。
- 能初步了解数字"1"代表的数量。

（二）0～1岁婴幼儿逻辑数学智能区的创设和材料选择

成人要为婴幼儿提供独立使用区角的机会，帮助他们发展自己的数学技能。一个有效的逻辑数学智能区要包含以下内容：

- 在房间的安静区域有一个明确指定的空间，并且空间要足够大，能让婴幼儿充分探索数学和操作数学材料。
- 有丰富的、发展适宜的操作材料，并被有序地放置在柜子中，便于婴幼儿的取放。
- 有控制人数的提示，如：登记卡、材料数量等。

婴幼儿需要学习的数学内容主要包括数运算、计数、比较、拆分和组合。但对于0～1岁的婴幼儿而言，首先要学习的就是认识数字，一般该阶段能认识数字"1"即可，能力强的婴幼儿可以稍作扩展。成人可以添加到数学区的材料以及组织的活动可以有：

- 带数字的物品（如：数字卡片、数字玩偶等）。
- 可以投放能帮助婴幼儿感知物体大和小、多和少的材料，如：大小不同的玩偶、球、积木块等。
- 数字匹配游戏。例如，将一张牌的上下两部分分开，让婴幼儿进行匹配。由于0～1岁的婴幼儿认知能力有限，因此可以选择多种游戏方式来帮助其理解数字"1"的含义。

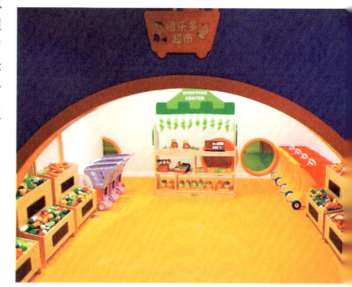

▲ 图8-4 橙乐多超市内的丰富材料

▲ 图8-5 带数字的玩具可以帮助婴幼儿初步感知数字

▲ 图8-6 帮助婴幼儿感知大小、多少的玩具和材料

三、0～1岁婴幼儿逻辑数学智能区的活动示例

活动名称：大大小小的积木

活动目标：
（1）初步感知什么是一一对应。
（2）尝试将相应大小的积木放入套盒内。

活动准备：
套盒：内部有不同大小的圆形积木，面上有对应大小的镂空圆形图案。

活动过程：

1. 导入

出示套盒，引起婴幼儿的兴趣。

2. 套盒游戏

（1）教师引导婴幼儿发现套盒的特点，即让婴幼儿发现积木是可以放进套盒上的镂空里的。

（2）教师介绍套盒的玩法，引导婴幼儿将积木放入对应的镂空中。注意鼓励婴幼儿进行尝试，必要时可以拿着婴幼儿的手帮他们把积木放入套盒中。

3. 探究

鼓励婴幼儿自己进行探索，让其感知积木和镂空是一一对应的，教师进行巡回指导。

4. 记录与分享

（1）让婴幼儿来演示自己是如何将积木放入对应的镂空里的，并鼓励婴幼儿完成任务。

（2）教师拍摄活动照片。

5. 家庭延伸

（1）家长和婴幼儿在家里继续玩套盒的游戏。
（2）家长可以引导婴幼儿玩颜色配对的套盒游戏。

第二节　1～2岁婴幼儿逻辑数学智能区的环境创设

一、1～2岁婴幼儿逻辑数学智能发展的特点

1～2岁的婴幼儿随着感知能力、动手操作能力的发展，数学能力也有相应的提升。他们能分辨多和少，例如有两盘糖果，一盘满满的，另一盘只有一半，婴幼儿懂得选择满的那盘。但是他们对物体量的认识还主要依靠感知，带有很大的局限性，缺乏区分，也不精确，例如他们虽然能区分"1"和许多，但是无法辨别多多少或少多少。对于大和小，该阶段的婴幼儿能分辨出最大和最小的物体，但是无法按物体大小进行排序。在对形状的认知方面，1～2岁的婴幼儿能指认圆形。此外，他们还能进行简单的配对游戏，但是要局限在两张图片完全相同的前提下才能完成配对。

在唱数方面，1～2岁的婴幼儿已经可以逐步学会说出个别数词，如：1、2、3等，并能凭借记忆，按一定顺序背出"5"以内的数字名称，并且能跟着成人从1唱数到10。但这时的婴幼儿只是口头上的唱数，还不能真正理解数的含义，即使他们能逐一点数实物，也说不出这些实物的总数有多少。

二、1～2岁婴幼儿逻辑数学智能区的材料选择和空间创设

（一）1～2岁婴幼儿逻辑数学智能区的创设目标

根据1～2岁婴幼儿逻辑数学智能的发展特点，该阶段逻辑数学智能区的创设目标可以归纳为以下几点：

- 能明确分辨物体的多与少，但不用具体说出多多少或者少多少。
- 能明确分辨最大和最小的物体，但不用进行排序。
- 能理解数字"1"所代表的含义。
- 能唱数1～5，能跟着成人唱数1～10，但不用理解具体含义。
- 能进行相同图案的简单配对。

（二）1～2岁婴幼儿逻辑数学智能区的创设和材料选择

1～2岁逻辑数学智能区环境创设的总体要求与0～1岁大体一致，但在材料方面有差别。

对1～2岁的婴幼儿而言，逻辑数学智能区的材料应该以开放式材料为主，而且材料还要能支持婴幼儿的自我纠正。因为封闭式材料只有一种操作方式，而开放式材料却可以鼓励婴幼儿使用不同的解决问题的方式。因此，开放式材料更能满足不同发展水平的婴幼儿的需求。成人在投放材料的时候，应以开放式的材料为主，适当添加封闭式的材料。具体的做法主要包括以下几点：

（1）为婴幼儿提供不同形状、颜色、大小、材质和声音的玩具，并与婴幼儿一起游戏或讨论玩具的属性。在游戏中，教师可以请婴幼儿拿一些指定的物品给自己，让其感

受一一对应的原则;还可以通过角色游戏,让婴幼儿感受分组、比较、对比等概念,探索不同物体的大小和形状。在讨论时,成人可使用一些数词和比较词,如:更长、更短、更大、更小、更多、更少、上、下、方、圆、一、二、三、软、硬等,这有助于增加婴幼儿的数学词汇量。

(2)投放一些和数学有关的图书,探索图书中的数学概念,比如数字、顺序、模式和属性等。

在1~2岁婴幼儿的逻辑数学智能区中,成人可以在原来0~1岁阶段的基础上,增加投放关于配对的游戏材料,例如:可以是相同图案的配对或者不同图案的配对;还可以增加形状配对的材料。此外,成人还可以投放套圈玩具,让婴幼儿感知和比较大小。

(a)图形匹配

(c)数字和图形匹配　　(b)数量匹配

▲ 图8-7　不同类型的配对玩具　　▲ 图8-8　套圈玩具

三、1~2岁婴幼儿逻辑数学智能区的活动示例

活动名称:给乐乐送礼物

活动目标:
(1)感知数字"1",并能找出一个物体。
(2)体会找东西和放东西的乐趣。

活动准备:
(1)布置生日派对的场景,准备生日歌的音频。
(2)小狮子的头饰。

（3）小球和小篮子若干。

活动过程：

1. 导入

创设生日的场景，引起婴幼儿参与活动的兴趣。

教师：今天是小狮子乐乐的生日，你们想想，在生日的时候都可以做什么呢？（引导婴幼儿说出给小狮子乐乐送礼物）

2. 给乐乐送礼物

（1）教师引导婴幼儿给小狮子送礼物。

（2）教师使用篮子和小球，引导婴幼儿知道"1"个篮子和"1"个小球，并理解数字"1"代表的数量。

（3）请个别婴幼儿上前演示将1个小球放入一个篮子里。（引导婴幼儿了解1个篮子里只能放1个小球）

3. 探究

教师将篮子放在教室各处，请每个婴幼儿取1个小球放入篮子里，教师进行巡回指导。注意告诉婴幼儿只有空的篮子才能放小球，如果篮子里已经有小球了，就要另外再找空篮子。

4. 记录与分享

（1）鼓励婴幼儿在集体面前表现自己。

（2）教师拍摄活动的照片。

5. 家庭延伸

在家中继续巩固"1"的含义。

第三节　2～3岁婴幼儿逻辑数学智能区的环境创设

一、2～3岁婴幼儿逻辑数学智能发展的特点

2～3岁的婴幼儿已初步具备感知客观事物之间关系的能力，例如，数学中的排序和样式。排序是指将事物依据一定的逻辑关系或一定顺序排列出来。样式是指有规则性的图案、声音或事件等的重复出现，而重复出现的单位就是样式的核心，构成这一核心的各个部分称为元素。根据核心和元素的特点，样式可以分为两种类型：一种是重复样式，如"树叶、小石头、铅笔"的不断重复；另一种是增长样式，如"□○、□○○、□○○○"，后面一组图形都比前面一组多一个圆。2～3岁的婴幼儿可以根据物体的颜色进行初步的样式游戏。

此外，2～3的婴幼儿已经初步知道分类的概念，能从同类的事物中找出不同类的

一个，能进行简单的分类，例如能基于物体形状、大小、颜色等进行分类。此时的他们已经能指认圆形、三角形和方形，但是具有局限性。另外，该阶段的婴幼儿能凭着机械记忆，按一定顺序唱数1～10，他们虽然知道数字代表数量，但往往不能正确地用这些数来表示物体的数量。一般2岁半左右是婴幼儿运算能力发展的关键期，因此，这时他们能比较4以内物体数量的多与少。

二、2～3岁婴幼儿逻辑数学智能区的材料选择和空间创设

（一）2～3岁婴幼儿逻辑数学智能区的创设目标

根据2～3岁婴幼儿逻辑数学智能的发展特点，该阶段逻辑数学智能区的创设目标可以归纳为以下几点：

- 能唱数1～10，但不要求运用数字来正确表示物体的数量。
- 能理解4以内的数字所代表的数量概念以及一样多的概念。
- 能辨别圆形、三角形和方形。
- 能根据物体形状、大小、颜色进行简单分类。

▲ 图8-9 某早教机构的逻辑数学智能区

（二）2～3岁婴幼儿逻辑数学智能区的创设和材料选择

2～3岁逻辑数学智能区环境创设的总体要求同0～2岁阶段，这里主要介绍材料方面的差别。

在2～3岁幼儿的逻辑数学智能区中，成人可以投放自我纠正、一一对应、计数与感知数量关系、形状学习等方面的材料。

▲ 图8-10 各种一一对应的材料

自我纠正材料是指只有一个正确答案的操作材料，比如拼图，如果将其中的一块放错了位置，就无法得到完整的拼图。

成人在投放一一对应的材料时，应先选择具有具体形象的材料（如动物形象等）。因为对于这一阶段的婴幼儿来说，具体形象的材料能帮助他们更容易地完成操作。在婴幼儿已能熟练操作材料后，成人可尝试逐渐提供抽象的对象。一一对应的材料主要有以下几种：

- 轮廓游戏，婴幼儿可以将每个物品匹配到正确的轮廓中。
- 配对游戏，这是更高级的一一对应游戏，例如，成人可以收集各种不同类型的有盖子的罐子，然后弄混，让婴幼儿根据罐子的特征来匹配盖子。

2～3岁的婴幼儿还不会进行数的运算，但是他们已能初步理解4以内的数量关系，因此，成人可以提供一些能帮助婴幼儿识别数字以及数字与实物数量匹配方面的材料，从而巩固他们的相关经验。

▲ 图8-11 数字匹配材料

在形状学习方面，成人要尽可能为婴幼儿提供丰富的图形材料，如：等腰三角形、直角三角形等各种三角形。因为这一阶段的婴幼儿可能会被引入二维形状只有标准形状的误解中，例如他们会认为只有等边三角形才是三角形。

在婴幼儿可以进行样式活动之前，他们必须能够排序和分类。2～3岁的婴幼儿已经能根据物体的不同形状、大小、颜色等属性进行简单分类。成人要做的是根据他们的兴趣和发展水平来选择材料，并提出让婴幼儿尝试新的分类方式的挑战。有关分类的材料有：

- 大小不一的相同物品，如：大球和小球等。
- 各种尺寸的收纳箱，用于收纳和倒出物品，如：小盒子和大盒子。
- 形状分类玩具。
- 嵌套玩具，如：套娃等。
- 具有相反属性的对象，如：硬的物品和软的物品。

▲ 图8-12 分类和排序材料

之后，成人可提供一些简单的样式材料。例如可以在积木底板上创设一些样式，中间留空，让婴幼儿插上正确的积木。

三、2～3岁婴幼儿逻辑数学智能区的活动示例

活动名称：出来进去

（适合年龄：30～36个月）

活动目标：

（1）能够辨认圆形、方形、三角形。

（2）学习听口令踩图形。

活动准备：

在室内地毯上布置3～4个大圆圈，以及圆形、方形、三角形硬板若干。

活动过程:

1. 教师示范讲解

(1) 家长和婴幼儿一起坐在地毯上的大圆圈内,教师也坐在一个大圆圈内。

(2) 教师问:"老师坐在什么图形里?"(圆形)教师拿出圆形、方形、三角形的硬板,边给婴幼儿识别,边将图形摆放在大圆圈外围。

(3) 摆放完后告诉婴幼儿:"今天,老师要和你们玩'出来进去'的游戏,听口令踩图形出来、进去,先看看老师是怎么玩的。"教师示范,先发出口令"踩了圆形走出来",然后照着口令做动作。再发口令"踩了三角形走进去",同样执行口令,教师示范后让婴幼儿玩一遍。边做边给婴幼儿讲解。

▲ 图8-13 婴幼儿思考自己坐在什么图形里

2. 家长和婴幼儿游戏

(1) 全体分成3~4个组,家长带自己组里的婴幼儿坐在一个圆圈内,由一位家长摆放图形并发口令,圈内的人听口令做游戏。

(2) 家长可以带着婴幼儿一起做,也可以看婴幼儿做并在旁边指导。婴幼儿踩对图形,家长可为其鼓掌。

▲ 图8-14 家长和婴幼儿一起游戏

3. 注意事项

(1) 这一活动必须在婴幼儿认识方形、圆形、三角形的基础上进行。

(2) 这一活动在婴幼儿玩了几遍后,可增加一些难度,如"踩踩圆形,再踩踩方形走进去"。

第四节

教师在0~3岁婴幼儿逻辑数学智能区中的作用

一、让婴幼儿参与非正式的数学谈话

针对数学内容的讨论将会影响婴幼儿在数学方面的成就。当教师谈话侧重于互

动时，能获得更好的效果。例如教师可以让他们交流想法，当他们说出自己的想法时，婴幼儿能更深入地思考自己做了什么。在这个过程中，教师还能对婴幼儿进行评估。

二、将婴幼儿的经验和数学知识相联系

环境并不能保证婴幼儿数学的发展，但它为婴幼儿的数学发展提供了丰富的可能性。尤其是当教师介入后，通过引导婴幼儿交流他们在与材料互动中使用的数学思维等，能更好地促进婴幼儿数学的发展。因为婴幼儿是在使用材料的过程中运用数学的，所以能帮助他们在非正式和正式数学之间建立联系。

此外，教师还可以记录他们"工作"时的照片、视频或音频，在婴幼儿完成操作任务时向他们展示记录，并让他们说出自己在做什么。在这个过程中，教师也可以帮助婴幼儿学习一些数学知识。

三、鼓励婴幼儿解决问题

在婴幼儿解决问题的过程中，教师要积极地引导婴幼儿，具体的步骤如下：
- 帮助婴幼儿了解问题。
- 帮助婴幼儿制定解决问题的计划。
- 帮助婴幼儿实施计划。
- 引导婴幼儿反思计划是否有效。

对于0～3岁的婴幼儿，教师不需要强求他们能遵循所有的步骤，而应将重点放在培养婴幼儿使用数学知识来解决生活中实际问题的习惯上。

四、评估和记录个别婴幼儿的学习

教师需要评估和记录婴幼儿数学学习的过程，以确定他们的发展水平和学习需求，从而更好地规划活动和材料，支持婴幼儿学习数学知识。此外，评估和记录还可以帮助教师反思自己的工作。教师在评估和记录婴幼儿数学技能时可以使用许多工具，如：轶事记录、检核清单等。

五、满足所有婴幼儿的需求

教师需要为各种发展水平的婴幼儿提供机会，以帮助他们获得在数字和操作、测量等方面以及数学活动过程中的有利于他们未来学业成功的技能。为此，教师必须评估婴幼儿的发展程度，并有针对性地设计有效的数学环境，使用适合且能支持婴幼儿数学能力发展的适当材料。

婴幼儿未来的学业成功与儿童早期建立的数学基础有关。早期的数学技能不仅影响成人预测婴幼儿未来的数学成就，而且还对预测婴幼儿阅读能力的发展有影响。因此，创设良好的逻辑数学智能区并提供丰富的、发展适宜的数学材料是至关重要的。作为教

师，我们要积极地与婴幼儿互动，帮助他们使用这些数学操作材料来支持其学习，以促进他们数学能力的发展。

1. 1～2岁婴幼儿逻辑数学智能发展的特点是什么？
2. 创设2～3岁婴幼儿逻辑数学智能区时需要注意什么？
3. 结合环境和材料，为2～3岁的婴幼儿设计一个逻辑数学智能方面的活动。

第九章 自我认知智能区的创设

学习目标

1. 掌握0～3岁婴幼儿自我认知智能发展的特点。
2. 了解各年龄段自我认知智能区环境创设的目标与注意点。
3. 了解自我认知对婴幼儿发展的价值。
4. 学会依托环境和材料，为各年龄段婴幼儿设计适合其自我认知智能发展的活动。

内容脉络

　　自我认知智能是指关于构建正确自我知觉，并善于用这种知识来计划和导引自己人生的能力，或者说有自知之明，并据此做出适当行为的能力。自我认知是人格形成和发展的前提，对婴幼儿的成长具有非常重要的意义，但这种能力并非与生俱来。研究证明，婴幼儿的自我认知智能的发展在很大程度上取决于外界的刺激。因此，要想让婴幼儿成长为一个对自身的变化敏感并有较强的自我调节能力的人，就应该从婴幼儿出生时开始，为他们创设良好的早期自我认知智能环境，从而循序渐进地帮助他们认识自己。

　　自我意识是作为主体的我对自己所作所为的看法和态度，包括对自我存在以及自己与周围的人或者物体关系的意识。心理学研究表明，婴幼儿在1岁前不能把自己作为一个主体同周围的客体区分开来，照镜子时会亲吻镜子中的自己，甚至不知道手脚是自己身体的一部分。随着婴幼儿逐渐成长，他们才能将自己的动作与作用的对象区分开来。

这是自我意识最初级的形式，即自我感觉阶段，例如婴幼儿会将玩具扔到地上，然后让成人捡起来再扔到地上，乐此不疲。当婴幼儿开始经常摸、闻、咬、吃自己的手指和脚趾的时候，就说明婴幼儿开始进入了自我认知的阶段，这时教师可以开展相应的游戏来帮助他们认识到"身体的各个部分都是属于自己的"这一概念，使他们形成初步的自我概念。

▲ 图9-1　自我认知智能区
在自我认知智能区中，成人可以设置与婴幼儿身高相适宜的镜子，也可设置类似娃娃家的情境。

拓展阅读

自我认知智能突出的代表人物

弗洛伊德是奥地利精神病医师、心理学家、精神分析学派创始人。他的主要成就以及贡献有：1895年正式提出精神分析的概念；1899年出版《梦的解析》，被认为是精神分析心理学的正式形成；1919年成立国际精神分析学会，标志着精神分析学派最终形成；1930年被授予歌德奖。他开创了潜意识研究的新领域，促进了动力心理学、人格心理学和变态心理学的发展，奠定了现代医学模式的新基础，为20世纪西方人文学科提供了重要的理论支柱。

▲ 图9-2　弗洛伊德

第一节　0～1岁婴幼儿自我认知智能区的环境创设

一、0～1岁婴幼儿自我认知智能发展的特点

自我是由知、情、意三个方面统一构成的高级反映形式。一般说来，在出生后的第一年，婴幼儿自我的发展主要集中在自我认识方面，即把自身和物体分开，把自己和他人分开，从而产生了主体自我。

哈特在总结前人的基础上[①]，提出了一个婴幼儿主体自我与客体自我的发展体系，把婴幼儿自我认知的发展分为五个阶段，前三个阶段为主体自我的发展，后两个阶段为客体自我的发展。0～1岁主要是婴幼儿主体自我的发展阶段。

0～6个月的婴儿会对自己的手感兴趣，例如他们会常常盯着自己的手看，每天会看好多次，并且会反复把手放到嘴里，表现出很满足的样子。5～8个月时，婴儿会表现出对镜像的兴趣，当镜中出现某一形象时，他们可能会注视它、接近它、抚摸它、对它微笑，并咿呀作语，但这些行为表现说明婴幼儿并未认识到镜子中的形象是自己，以及自己是独立存在的个体。因而，此时的婴幼儿还没有萌生自我认知。到9～12个月时，婴儿显示出了对自己作为活动主体的认识，表现为他们认识到了自己是镜像动作的发出者。同时，婴幼儿能够对具有相倚性关系的自我电视形象和不具有这种关系的自我电视形象作出明确的区分，这表明婴幼儿能意识到自己是活动的主体，产生了初步的主体自我。

二、0～1岁婴幼儿自我认知智能区的材料选择和空间创设

（一）0～1岁婴幼儿自我认知智能区的创设目标

根据0～1岁婴幼儿自我认知智能的发展特点，该阶段自我认知智能区的创设目标可以归纳为以下几点：

- 能初步感知自己的身体。
- 能初步意识到镜子中的形象是自己。
- 能初步感知动作与物体之间的关系。

（二）0～1岁婴幼儿自我认知智能区的创设和材料选择

0～1岁婴幼儿自我认知智能区的创设重点在于引导婴幼儿多看、多听和多动。多看指的是让婴幼儿多观察自己，因此，成人可在环境中投放镜子，但要注意的是投放的镜子应是不容易摔破的，是能保障婴幼儿安全的。此外，在镜子的四周也可以投放一些饰品，如：帽子、夹子等，以此帮助婴幼儿感知镜子中的形象就是自己。

---

① 王小英.学前儿童心理学［M］.长春：东北师范大学出版社，2012.

▲ 图9-3　在照镜子的婴儿，此时的他们还没有意识到镜子中的人是自己

案例

从镜子中认识自己

在某早教机构的自我认知区中，张老师会经常抱着婴幼儿照镜子，边照镜子边问他们："你看，镜子里的是谁呢？是宝宝在镜子里呢！"然后拿起镜子旁的帽子给婴幼儿戴上，再继续照镜子，并告诉他们："看，宝宝戴上了帽子。"

引导婴幼儿多听和多动经常是联系在一起的。成人可以经常与婴幼儿玩认识自己的游戏，例如，当婴幼儿躺着的时候，成人可以和他们一起玩认识手脚的游戏，让他们意识到自己四肢的存在。成人可以晃动婴幼儿的手，然后告诉他："宝宝，这是你的手，我们一起动动手。"大部分2～3个月大的婴儿会时常盯着自己的手，还不时翻来覆去地动动看，像是有了天大的发现一样。之后，当婴幼儿在动自己的身体时，动作本身会带给他们一些不一样的感觉，这将使婴幼儿知道自己感觉的变化是由动作造成的，而动作又是由自己做到的，从而意识到自己是一个有力量的主体。例如，婴幼儿在爬行时，肚子的摩擦、四肢肌肉的拉扯、手掌及膝盖的触觉等，都会带给他们不同的知觉感受，这些都能帮助婴幼儿建构起自我意识。

▲ 图9-4　拖拉玩具
拖拉玩具可以让婴幼儿初步感知动作与物体之间的关系。

自身动作不但会产生主观知觉的改变，甚至连外界的物体也因此有了客观的变化。成人可以提供一些能给婴幼儿的动作带来明显反馈的材料，例如，当婴幼儿用手去触碰摇铃时，摇铃就会发出声音；用手推球时，球就会滚到床的另一边；拉扯拖拉玩具上的线时，玩具会跟着动等。这些自身和外界事物有联系的动作，都可以让婴幼儿更了解"我"和外界事物的区别和联系，从而进一步感知自己。

三、0～1岁婴幼儿自我认知智能区的活动示例

活动名称：我的嘴巴、鼻子、眼睛

活动目标：
喜欢照镜子，初步感知自己的嘴巴、鼻子和眼睛。

活动准备：
卡通人偶一个；边缘安全的镜子若干；欢快的轻音乐。

活动过程：

1. 导入

（1）出示卡通人偶，激发婴幼儿的兴趣。

教师：宝宝们，今天老师给你们带了一个新朋友乐乐，你们看。

鼓励婴幼儿进行指认，必要的时候可以拿着婴幼儿的手进行点指。

教师：谁能来指下乐乐的嘴巴（鼻子/眼睛）在哪里？

（2）引导婴幼儿指认人偶的嘴巴、鼻子和眼睛。

2. 感知自己的嘴巴、鼻子和眼睛

（1）引导婴幼儿照镜子，观察自己的脸。鼓励婴幼儿进行指认，必要的时候可以拿着婴幼儿的手进行点指。

教师：镜子中的人是宝宝哦！宝宝可以看看自己长什么样子，自己的嘴巴、鼻子和眼睛在哪里？

（2）引导婴幼儿指认自己的嘴巴，并注意他们的安全。不必强求婴幼儿每次都指认得很正确，也不要求他们了解嘴巴、鼻子和眼睛的功能，让他们初步感知即可。

教师：现在请宝宝们来指一指自己的嘴巴在哪里，嘴巴可以用来吃东西。

（3）引导婴幼儿指认自己的鼻子。

教师：现在请宝宝们来指一指自己的鼻子在哪里，鼻子可以用来呼吸。

（4）引导婴幼儿指认自己的眼睛。

教师：现在请宝宝们来指一指自己的眼睛在哪里，眼睛可以用来看东西。

3. 小游戏

（1）教师可以变换顺序让婴幼儿指认嘴巴、鼻子和眼睛。

（2）教师拍摄活动的照片，记录婴幼儿的发展情况。

4. 家庭延伸

在家里，家长可以继续和婴幼儿玩指认五官的游戏。

第二节　1～2岁婴幼儿自我认知智能区的环境创设

一、1～2岁婴幼儿自我认知智能发展的特点

婴幼儿1岁时，其主体性得到了进一步的发展[①]。他们已经能区分由自己做出的活动与他人做出的活动的区别，对镜像自我与活动中的自己之间的关系有了清楚的知觉，说明婴幼儿已经能把自己与他人分开，主体自我得到明确的发展。随着认知能力、言语能力的发展，婴幼儿开始认识自我，开始有独立意识，知道自己的名字，并能用自己的名字称呼自己，这表明他们开始把自己作为一个整体区别于他人。与此同时，他们开始认识自己的身体和身体的有关部位，如"宝宝的耳朵"等，还能意识到自己身体的感觉，如"宝宝疼"等。他们能逐渐感受自己的动作和力量，如用手把玩具打开，用脚把球踢走等。

1.5～2岁的时候，婴幼儿已能认识到自己是一个独立的人，知道自己是自己，别人是别人，把自己当成一个独立的个体来看待，他们对自己的认识更多的是对自己形象的认识。在"镜像实验"中，婴幼儿在照镜子时能直接指出自己鼻子上的红点，可以看出他们已经能明确地认出自己。这个阶段的婴幼儿能根据面部特征的不同来区分自己的形象和他人的形象，知道自己长什么样子。

综上所述，婴幼儿的自我认知能力是在与外界客体（镜像自我）的相互作用中产生的。这种自我认知能力的发展，会帮助婴幼儿在处理自己与外界事物、自己与他人的关系时更接近社会通例，更符合社会交往准则。在与人平等相待、共享与分享所得之时，自我认知有助于婴幼儿在自我与他人之间进行比较，有助于使婴幼儿把从他人那里产生的移情转化为更自觉的感情体验。例如把移情转化为同情及助人意向和行为的过程，自我意识是重要的内在中介因素。婴幼儿自我意识与语言的发展，都是婴幼儿从自然人向社会人转化的关键和标志。

二、1～2岁婴幼儿自我认知智能区的材料选择和空间创设

（一）1～2岁自我认知智能区的创设目标

根据1～2岁婴幼儿自我认知智能的发展特点，该阶段自我认知智能区的创设目标可以归纳为以下几点：

- 能清楚地分清镜像自我和现实中的自己。
- 知道自己是独立的个体，能感知自己的身体部位。
- 初步了解自己与他人的区别。
- 能用名字或者"我"来表示自己。

[①] 王小英.学前儿童心理学［M］.长春：东北师范大学出版社，2012.

（二）1～2岁自我认知智能区的创设和材料选择

1～2岁的婴幼儿自我意识开始萌芽，教师在创设环境时需要注意以下几个方面：

第一，为婴幼儿挑选一些可以独立完成的游戏材料，比如一些简单的拼图，或者可以提供一些"找不同"的玩具，给婴幼儿创造独处的空间，让他们可以感受自己的存在。

第二，在自我认知智能区内，设置特殊的照片墙，展示婴幼儿自己的照片，经常邀请婴幼儿一起拍照和收集照片，一起在区域内谈论照片中的自己在做什么。教师需要引导婴幼儿认识自己以及自己与周围环境的关系，引导婴幼儿认识自己的情绪和情感，让他们能够从环境中认出自我。

第三，1～2岁的婴幼儿已学会走路，可以和成人对话，所以他们迫切地希望能够探索外在世界。教师可以提供一些简单的照相设备或记录设备，让他们记录下自己所看到的东西，还可以带领婴幼儿到户外收集一些他们喜欢的东西并与同伴分享。

三、1～2岁婴幼儿自我认知智能区的活动示例

活动名称：我会自己收拾玩具

活动目标：

（1）懂得玩好玩具要自己收拾好。
（2）初步学习按照标志收拾物品。

活动准备：

（1）少了一块的拼图。
（2）绘本《玩具不见了》的PPT。
（3）贴有标志照片的收纳篮子和照片中的玩具若干。

活动过程：

1. 导入

出示少了一块的拼图，引导婴幼儿发现拼图丢失了一块。

教师鼓励婴幼儿大胆表达自己的想法，引导婴幼儿发现拼图丢失了一块。

教师：今天，老师给你们带了一个玩具，你们看，这个玩具有什么不一样呢？小浣熊丁丁也遇到了这个麻烦，我们来听听看吧！

2. 赏析绘本《玩具不见了》

（1）教师第一遍讲述《玩具不见了》，引导婴幼儿初步感知小浣熊丁丁的故事。
（2）教师第二遍讲述《玩具不见了》，引导婴幼儿感知丁丁玩具变没的原因。
（3）教师第三遍讲述《玩具不见了》，引导婴幼儿讨论要如何对待玩具。

教师鼓励婴幼儿大胆发表意见，并积极动脑筋，思考如何才能不让玩具变没。

可以参考的提问有:
- 丁丁为什么哭?
- 丁丁的玩具怎么了?
- 为什么小精灵要把丁丁的玩具变走呢?
- 后来丁丁是怎么做的?
- 小朋友们要怎么做呢?

教师小结:我们以后玩好玩具都要把它们送回到原来的地方,这样下一次玩的时候才容易找到,不然也会像小浣熊丁丁一样,在要玩玩具的时候才发现玩具都不见了。

3. 收拾玩具

引导婴幼儿按照照片上的标志将玩具放回原处,教师巡回指导。

教师:现在请你们按照照片上的标志,将玩具送回它们的家。

4. 记录和分享

(1)引导婴幼儿分享收拾玩具的感受。
(2)教师拍摄活动的照片,记录婴幼儿的语言。

5. 家庭延伸

在家里,家长也要让婴幼儿自己收拾玩具,并初步学会将玩具分类的方法。

第三节 2～3岁婴幼儿自我认知智能区的环境创设

一、2～3岁婴幼儿自我认知智能发展的特点

2岁左右的婴幼儿已能掌握代名词"我",这是其自我意识萌芽的最重要的标志。这个阶段的婴幼儿会说"我的",知道"我"和他人的区别,在言语上逐渐分清"你"、"我",开始不让别人动自己的东西。经过一段时间以后,婴幼儿能逐渐学会准确地使用"我"这个词来表达自己的愿望,这说明他们的自我意识产生了。该阶段的婴幼儿喜欢与同龄伙伴及熟悉的成人交往,但在交往中带有明显的自我中心倾向,常以满足自己需要为准则与他人交往,不满足时可能会出现攻击性行为。

此外,2～3岁婴幼儿的自我意识逐步增强,喜欢自己独立完成某一动作,出现独立行动的倾向。例如,随着婴幼儿自我意识的发展,他们逐渐表现出最初的独立性,不像2岁之前那么顺从。这个阶段的婴幼儿喜欢说"不",对成人的要求经常置若罔闻,而是按照自己的想法行事,产生人生的"第一反抗期"。但需要指出的是,这种反抗的出现是婴幼儿独立的重要标志,是婴幼儿心理发展上非常重要的一步,也是人生头三

▲ 图9-5 婴幼儿尝试自己穿袜子

年心理发展程度的集中表现。这种独立性还体现在婴幼儿的很多行为上,例如,他们想尝试各种日常生活中的事,如:吃饭、穿脱鞋袜和衣裤等。2～3岁是婴幼儿自主性发展的关键期,具有强烈的"自己来"的愿望,成人可以因势利导,鼓励婴幼儿做些力所能及的事情,从而逐步培养婴幼儿日常生活中的初步的自理能力和习惯,这不仅有助于婴幼儿的动作发展,养成独立自主的好习惯,而且对他们将来适应幼儿园生活、增强自信心也是十分有利的。

在情绪方面,随着年龄的增长,婴幼儿情绪情感也越来越丰富。2岁左右时,婴幼儿就表现出许多复杂的情绪情感,如:害羞、内疚、羡慕、骄傲等。他们一开始不能意识到自己情绪的外部表现,所以情绪是完全表露于外的,丝毫不加以控制和掩饰,想哭就哭,想笑就笑。再者,婴幼儿的情绪也不稳定,很容易变化,两种对立的情绪常常在很短的时间内进行互相转换,例如,当婴幼儿由于得不到心爱的玩具而哭泣时,如果成人给他们一颗糖,他们就会立马笑起来。3岁左右,随着言语和心理活动的发展,婴幼儿逐渐能够调节自己的情绪及其外部表现,情绪逐渐稳定和内隐,情绪控制能力也开始发展。

舍不得的娃娃

一天,妈妈带着3岁的妞妞去同事家做客。同事阿姨很热情地拿了一个可爱的娃娃送给妞妞。妞妞看了一眼妈妈,还是把娃娃还给了阿姨,但却一直张望着这个娃娃。这说明妞妞已经能够控制自己的情绪了。

二、2～3岁婴幼儿自我认知智能区的材料选择和空间创设

(一)2～3岁婴幼儿自我认知智能区的创设目标

根据2～3岁婴幼儿自我认知智能的发展特点,该阶段自我认知智能区的创设目标可以归纳为以下几点:

- 懂得"你"和"我"的区别。
- 会用开心、生气等情绪词语来描述自己的情绪与情感。
- 能初步控制自己的情绪。
- 愿意做力所能及的事情。

（二）2～3岁婴幼儿自我认知智能区的创设和材料选择

对于2～3的婴幼儿而言，成人可以投放一些关于情绪认知的图画书，从而帮助婴幼儿感知和学习控制自己的情绪，同时学会使用"我"来表示自己。此外，成人还可以提供一些能让婴幼儿抒发和记录情绪的材料。

我的成长蓝皮书

在自我认知智能区中，陆老师创设一个"我的成长蓝皮书"的环境，让婴幼儿参与制作属于自己的成长记录册。这本小册子包括三个部分：情绪管理、生活习惯和学习品质，从而帮助婴幼儿认识自己的情绪并学习做好情绪管理。

▲ 图9-6 我的成长蓝皮书

这是一本让婴幼儿全程参与制作的小册子。在一日生活中，教师可引导婴幼儿去翻阅小册子，并按照自己制作的内容控制情绪和规范行为。

此外，成人也可以在人际认知智能区中融入自我认知智能的内容，从而帮助婴幼儿进一步了解自己与他人的区别，同时学会在角色扮演游戏中释放自己的情绪。

各种服装道具，满足婴幼儿的不同需求。

帷幔配合着暖色灯光，可增加婴幼儿角色扮演的氛围。

教师在角色扮演区中投放了玩偶、小床、厨房道具等材料。

▲ 图9-7　角色扮演区

婴幼儿在角色扮演区中装扮自己，在游戏中释放自己的情绪。

三、2～3岁婴幼儿自我认知智能区的活动示例

活动名称：我有很多表情

活动目标：

（1）认识不同的情绪。

（2）学会释放自己的情绪。

活动准备：

（1）包含各种表情的图片。

（2）表情游戏的操作材料。

活动过程：

1. 导入

教师出示表情图片，鼓励婴幼儿用简单的语言表达不同的情绪。如果婴幼儿还不能用语言表达，也可以通过指认图片的方式。

教师：你们觉得她现在心情怎么样？

2. 教师示范并引导婴幼儿使用表情游戏的操作材料认识不同的情绪

（1）教师示范操作材料，边做边和婴幼儿描述这是什么表情。

▲ 图9-8　表情游戏的操作材料

教师小结：开心的时候，我们总是会笑眯眯的，眼睛弯弯的，嘴角会向上，做事情也会很积极投入，很有干劲；生气的时候，我们会撅起小嘴，没有了笑容，还会皱眉头；伤心的时候还会流眼泪。

（2）婴幼儿自主操作材料，教师巡回指导。

▲ 图9-9　教师鼓励婴幼儿说说图片上的表情

3. 分享

教师引导婴幼儿分享表情。

教师：开心的表情是什么样的？谁能给大家展示一下？当你们开心的时候，你们会怎么做？

教师：伤心的表情是什么样的？谁能给大家展示一下？当你们伤心的时候，你们会怎么做？

教师：生气的表情是什么样的？谁能给大家展示一下？当你们生气的时候，你们会怎么做？

教师：所以我们每一个人都有不同的情绪，我们会开心、伤心，也会生气，而生气是一种正常的情绪表现。生气的时候，我们会感到很难受，这样也会对我们的身体不好哦，所以呀，我们的小朋友不能总是生气。但是如果生气了，我们要怎么办呢？

4. 家庭延伸

在家里，婴幼儿如果生气了，家长要鼓励他尝试调节自己的情绪。

第四节

教师在 0～3 岁婴幼儿自我认知智能区中的作用

一、提供发展婴幼儿自我认知智能的材料

教师需要根据婴幼儿的发展水平，提供适合其现有的自我认知智能发展水平的材料，例如：对于 0～1 岁的婴幼儿，主要引导其感知镜中的自我和现实中的自我是同一人，因此可投放镜子等材料；对于 1～3 岁的婴幼儿，更多的是引导他们感知自己与他人的区别，这不是单一的自我认知智能的活动就可以达到的要求。因此，教师可以交叉投放其他智能区中的材料（如：图画书等）。

二、将自我认知智能活动融入其他智能区

0～3 岁婴幼儿自我认知智能的发展不是在一个单一的智能区就能达成的，例如学习用"我"来表示自己，这就需要用到语言智能，因此可以将该目标融入语言智能区中。再如感知自己的身体四肢，这涉及身体动觉智能，所以可以将该目标融入身体动觉智能区中。

由此可见，婴幼儿智能区的设置不是孤立的，每一个智能区不只是发展相应的智能，还有可能涉及其他智能的发展。教师可以根据实际情况，融合各智能区的活动，从

▲ 图 9-10　杜威实验幼儿园
　　幼儿园通过让婴幼儿创作自画像来促进他们自我认知的发展。

而更好地促进婴幼儿的发展。

三、满足所有婴幼儿的需求

教师需要为各个发展水平的婴幼儿提供机会，以帮助他们在其现有的发展水平上获得提升，进一步发展自我意识。为此，教师必须评估婴幼儿的发展情况，并有针对性地设计有效的环境和活动，从而提升婴幼儿当前的发展水平。

四、观察和记录婴幼儿个体的学习

教师需要评估和记录婴幼儿自我认知智能发展的过程，以确定他们的发展水平和学习需求，为选择活动材料和规划活动内容提供依据。此外，评估和记录还可以帮助教师反思自己的工作，从而帮助婴幼儿更好地发展自我认知智能。

思考题

1. 各年龄段婴幼儿自我认知智能的发展特点是什么？
2. 创设1～2岁婴幼儿自我认知智能区时要注意的问题有哪些？

第十章 人际认知智能区的创设

学习目标

1. 掌握0～3岁婴幼儿人际认知智能发展的特点。
2. 了解各年龄段人际认知智能区环境创设的目标与注意点。
3. 了解社会交往对婴幼儿发展的价值。
4. 学会依托环境和材料，为各年龄段婴幼儿设计适合其人际认知智能发展的活动。

内容脉络

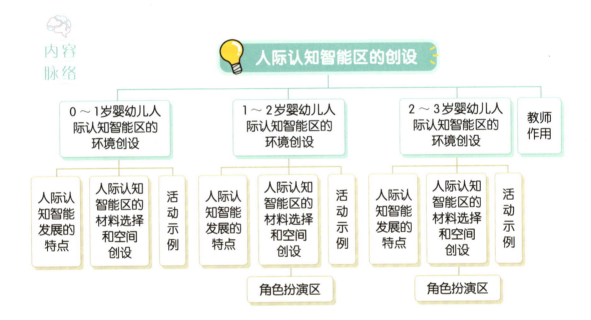

人际认知智能是指能够有效地理解别人和与人交往的能力，是一个人在与他人交往的过程中察觉并区分他人的情绪、意向、动机及感觉的能力。只要有人存在的地方，就会用到人际认知智能。婴幼儿人际智能的发展不仅仅可以在人际认知智能区中获得，还可以在其他的智能区中获得发展。发展婴幼儿人际认知智能的方法很多，其中角色扮演区就能很好地帮助婴幼儿发展该智能，因为它允许婴幼儿将自己的经验表演出来，并创造新的、有想象力的真实情境。婴幼儿在与同伴自由交流、组织游戏、制定游戏规则和解决冲突的过程中都能促进自身社交技能的发展。

角色扮演被认为是社会性活动，因为它包括以下几个特点：

- 婴幼儿必须从事角色扮演，假装自己是另一个人、动物或物品。
- 婴幼儿要使用物品来假装扮演。

- 与至少一个同伴进行口头和社会交往,以协调角色和情节。
- 每个主题要持续10分钟或更长时间。

正如维果茨基所说,婴幼儿在游戏中的表现会超越自己的年龄,超越日常的行为。由此可见,游戏为支持婴幼儿的学习提供了最佳的发展环境。角色扮演游戏允许婴幼儿练习他们在现实生活中学到的知识和技能,并将零散的知识和技能与已有经验相结合,让其变得更有意义。参与角色扮演游戏能促进婴幼儿多方面的发展,首先是口头语言的发展,因为婴幼儿是扮演事件的故事讲述者。在游戏中,婴幼儿必须与同伴讨论情节和角色以及确定道具的意义。此外,他们还要通过使用不同的声音或者声调进行游戏。研究表明,当婴幼儿参与角色扮演游戏时,能比在教师主导的语言活动中获得更多的发展,能进行更加详细的叙述。通常,婴幼儿接触并理解象征性表示的第一个场所是在角色扮演区中,例如婴幼儿能使用一个物品来代替别的东西,这就说明他已经理解了这个物品。除此之外,在角色扮演区中还允许婴幼儿在真实、丰富的环境中练习写作和阅读,例如在餐厅主题中游戏的婴幼儿可能会阅读和制作菜单等。

其次,对于性格冲动的婴幼儿来说,角色扮演在自我管理的发展中尤其重要。自我管理是控制自己的情绪、行动和思维的能力。根据维果茨基所述,角色扮演区是学习自我管理的理想场所,因为角色扮演是一个高度自我驱动并用以实行规则约束的行为。此外,虚构的情境有助于婴幼儿将围绕他们的思想和行为与现实发生的事情分开,并使用他们内在的想法来指导他们的行为。在角色扮演游戏中,婴幼儿使用自我管理来促进情节的顺利进行,与其他人进行互动并控制自己,例如使用自言自语的方式来控制自己的行为等。除了促进自我管理的发展,角色扮演游戏还允许婴幼儿有机会使用其他认知技能,例如一项关于18个月到4岁的婴幼儿角色扮演的研究发现,婴幼儿在游戏中能使用各种日常数学技能,这些技能包括空间感知、分类、计数、模式和几何知识等。

此外,角色扮演区还允许婴幼儿练习社交技能。研究人员发现,婴幼儿在角色扮演游戏中能参与更复杂的社会交往,在这个过程中他们协商角色、轮流和解决交往冲突,同时也扮演他人的角色,体验他人的视角,发展同理心并参与生活。通过角色扮演的游戏,婴幼儿还能练习拥有创造力所需的技能。例如在游戏的过程中,婴幼儿可以通过想象来决定游戏的玩法、游戏的道具等,而婴幼儿的想象力也是创造力的一个维度。

▲ 图10-1　角色扮演区可以帮助婴幼儿发展人际认知智能

拓展阅读

人际认知智能突出的代表人物

▲ 图10-2 甘地

莫罕达斯·卡拉姆昌德·甘地被尊称为"圣雄甘地",印度民族解放运动的领导人、印度国家大会党领袖。

甘地是现代印度的国父,也是提倡"非暴力"抵抗的现代政治学说——甘地主义的创始人。他的精神思想带领国家迈向独立,脱离英国的殖民统治。他的"非暴力"的哲学思想,影响了全世界的民族主义者和争取能以和平变革的国际运动。伦敦《新闻纪事报》报道:一位78岁的瘦弱老人竟以神奇力量震撼了整个世界,赋予世界新的希望;它所显示的力量,可以胜过原子弹的威力。

第一节　0～1岁婴幼儿人际认知智能区的环境创设

一、0～1岁婴幼儿人际认知智能发展的特点

(一)0～6个月婴幼儿人际认知智能发展的特点

婴儿一出生即具有人际认知智能,例如吃奶时,他们会注视妈妈的脸,或是跟踪着距离眼睛20～30厘米的东西。如果成人对着婴儿吐舌头,他们也会跟着吐舌头。1～3个月的婴儿除了会对妈妈微笑外,还会对别人微笑,而且会通过笑、踢腿、挥手表示快乐、兴奋和烦恼。到3个月时,婴儿看到妈妈,手和脚都会高兴地乱舞,甚至会微笑着"咿咿呀呀"地向妈妈伸手要拥抱,这表明此时的婴儿已经开始与妈妈建立了相应的社交关系,然而他们对陌生人却不会有这种反应。虽然这个时候的婴儿也会注意到其他的婴儿,但是对同伴的反应还不具有真正的社会性质,他们可能只是将同伴当作物体或者活的玩具对待。例如,将两个3个月大的婴儿安排在一起,他们可能会不顾对方疼痛地抓对方的头发、鼻子等。

4～6个月时,婴儿开始认识自己的妈妈。如果妈妈从他们身边突然离开,他们就会哭。如果让他们长时间地独自一人与玩具在一起,他们也会哭。并且该阶段的婴儿开始出现有选择性地对待周围的人的情况,例如看到陌生面孔时,他们的表情会变得呆板,会躲避,甚至还会哭,不愿让生人碰。6个月时,他们会对同伴微笑,并发出"咿咿呀呀"的声音,如果对方也做出同样的回应,这个过程就是简单的具有社会性的相互反应。

（二）7～12个月婴幼儿人际认知智能发展的特点

7～9个月的婴儿由于自我意识的萌芽，会对镜子中的自己微笑、拍打及亲吻。这时如果有另外一个婴儿和他在一起，他可能会专注地看并伸手去摸对方。10个月开始，婴儿便会对新的交往感兴趣，例如听到自己的名字会转头、见到陌生人会怕羞、喜欢重复地玩游戏等。到12个月时，婴儿已经能懂得一些社交礼节，例如挥手表示再见、鼓掌表示欢迎等。另外，在成人的引导下，他们已经懂得亲吻，但是同时也显示了自我中心的一面，例如不愿意把自己的玩具分享给其他人。在同伴关系方面，此时的婴幼儿注视同伴的次数增加，他们会互相微笑、用手指点、发声示意，还出现了相互倚靠的行为。此外，该阶段的婴幼儿开始会逗引别人，例如假装要给别人某样东西，当别人伸手要时，故意缩回手，笑着不给。

但是对于0～1岁的婴幼儿来说，最为重要的社会关系还是依恋，尤其是亲子依恋，婴幼儿与母亲的依恋质量也是影响他们与同伴互动的一个主要因素。形成安全依恋的婴幼儿，在与同伴进行互动的过程中，表现得更自如和大胆，这是因为他们把母亲作为一个安全的基地，有了这个牢固的基地，他们自然也能放心大胆和随心所欲了[1]。

二、0～1岁婴幼儿人际认知智能区的材料选择和空间创设

（一）0～1岁婴幼儿人际认知智能区的创设目标

根据0～1岁婴幼儿人际认知智能的发展特点，该阶段人际认知智能区的创设目标可以归纳为以下几点：

- 能对成人的逗引做出相应的反应。
- 能尝试与陌生人接触（10个月左右的婴儿）。
- 不排斥同伴的存在。
- 在不会说话前，能利用自己的动作与他人交流。

（二）0～1岁婴幼儿人际认知智能区的创设和材料选择

我们可以根据上述目标了解到，0～1岁婴幼儿人际认知智能的发展主要是融合在其他智能区中的，因此，教师要在各个区域都为婴幼儿提供与人交往的机会，多让婴幼儿接触其他人。具体的做法有：

第一，给0～1岁的婴幼儿提供一个涂鸦板或涂鸦墙，让婴幼儿坐着或站着涂鸦。需要特别注意的是，0～1岁的婴幼儿还喜欢咬东西，所以教师提供的涂鸦材料必须是安全无毒的。

第二，提供一些可以适合该阶段婴幼儿的图画书。对0～1岁的婴幼儿来说，他们因为刚刚来到这个世界，对世界充满着好奇，所以在陪伴他们阅读的过程中，成人可以通过肢体动作和语言来与其展开积极的互动，提升他们游戏的乐趣。

---

[1] 周念丽.学前儿童发展心理学（第三版）[M].上海：华东师范大学出版社，2014.

第三，教师还可以为该阶段的婴幼儿提供一些游戏材料，从而帮助其发展人际认知智能，如：不同职业的玩偶、玩具电话等。在认识职业的游戏中，教师需要使用语言来引导婴幼儿认识不同的职业和角色，同时需要引导婴幼儿学会分享玩具。

▲ 图10-3　各种能帮助婴幼儿提升人际认知智能的玩具

案例

玩　偶

刘老师在机构里放置了各种各样的玩偶，有洋娃娃、动物玩偶和手偶等。她会经常拥抱小朋友，也会拿着玩偶和小朋友对话："宝宝好，我是小鸭。"然后让小朋友亲亲、摸摸和抱抱玩偶。

三、0～1岁婴幼儿人际认知智能区的活动示例

活动名称：玩具不见了

（适合年龄：6～12个月）

活动目标：

（1）能与他人共同拉扯同一物品，且用力适当。

（2）通过活动，强化本体感和人际关系。

活动准备：

手摇铃。

活动过程：

（1）让婴幼儿坐在地垫上或者床上，教师或家长将可以抓握的玩具（如：手摇铃等）放在婴幼儿手上。

（2）教师或者家长用手去摇动婴幼儿的一只手，观察婴幼儿的反应及手部动作。

（3）教师或家长试着用力将婴幼儿的玩具拿走，观察婴幼儿有何反应。

教师或家长在拿开婴幼儿手中的玩具时，需注意其情绪反应。婴幼儿在生气或受到挫折时的哭闹，也是其感情分化的学习过程。

第二节　1～2岁婴幼儿人际认知智能区的环境创设

一、1～2岁婴幼儿人际认知智能发展的特点

（一）1～1.5岁婴幼儿人际认知智能发展的特点

1岁之后的婴幼儿开始乐于参加社交聚会，成人会发现他们开始倾听别人的谈话，有时还能跟说一两个有意义的词。此时的婴幼儿能把玩具拿给别人玩儿，但是可能会很快地又收回来。虽然这一年龄段的大部分婴幼儿已经会走路，但是对妈妈和家人的依赖反倒日益增加，例如妈妈一离开房间，他们就哭，感情似乎比以前更脆弱了。同时他们也愿意探索新环境，结交新朋友。因此，该阶段是婴幼儿独立性与依赖性共同增长的时期。

另外，婴幼儿已能对家里的宠物或玩具娃娃表现出自己的爱，喜欢并经常模仿成人的动作、语气，会开始注意观察玩伴的表情、动作，听他们说话，努力让自己和他们相一致。看到别的婴幼儿哭，也会表现出痛苦的表情或者跟着哭，也能表现出同情心。同时，同伴间相互协调的互动行为的频率也进一步增加，其中最主要的是在相互嬉戏中的模仿行为，这为他们今后发展合作性的同伴活动打下了基础。

（二）1.5～2岁婴幼儿人际认知智能发展的特点

1.5～2岁的婴幼儿在与别人游戏时会表现出较强的"占有欲"，并且喜欢有熟识的

人在身边。这时的他们已经能认出照片或录像中的自己，能把自己与其他婴幼儿区别开来。在与他人游戏的时候，如果发现有人在看他，会报以微笑，这种微笑是用于与人沟通的，不再是毫无意义的。

随着身体动觉智能和语言智能的发展，1.5～2岁婴幼儿与同伴之间的交流变得更加复杂，互动的时间变得更长，并开始参与交互性强的游戏，如互相追逐等。此时的他们能在很短的时间内表现出丰富的情绪变化，如：兴高采烈、生气等。这时同伴间出现了较多互惠性的游戏，他们可以在游戏中互换角色，并逐渐地学会轮流扮演角色。到了2岁，婴幼儿的人际认知智能得到进一步的发展，具有与同伴协调行为的能力，能模仿同伴的行为和意识到被模仿，遵守一定的活动秩序，初步表现出帮助和分享行为。

二、1～2岁婴幼儿人际认知智能区的材料选择和空间创设

（一）1～2岁婴幼儿人际认知智能区的创设目标

根据1～2岁婴幼儿人际认知智能的发展特点，该阶段人际认知智能区的创设目标可以归纳为以下几点：

- 乐于帮助成人做一些事情。
- 喜欢与同伴交往，能进行互惠性游戏。
- 出现初步的同情心。
- 习得一定的社交技能，例如轮流扮演角色等。
- 能用言语与他人进行社交。

（二）1～2岁婴幼儿人际认知智能区的创设和材料选择

1～2岁人际认知智能区创设的主要是角色扮演区。在角色扮演游戏中，2岁以下的婴幼儿需要有可作为游戏道具的实物。但到了2岁左右，婴幼儿就可以用不太相似的物品来替代，例如用积木来代替电话。1～2岁的婴幼儿在交往时，会表现出相互模仿的行为，这通常被称为平行游戏。此外，他们常常热衷于重复同样的活动。随着婴幼儿进入早教机构，他们与人交往的行为次数会增加，交往的对象范围也逐渐扩大。

该阶段婴幼儿在进行角色扮演游戏时，他们会模仿角色及其行为和语言等，并且以创造性的方式使用材料和道具。角色扮演游戏为婴幼儿提供了丰富的机会，从而可以发展他们的认知、自我管理、社交、情感和创造性的技能。因此，成人可以通过建立一个有效的角色扮演区来促进婴幼儿人际认知智能的发展。通常，一个有效的角色扮演区需要具有以下特点：

▲ 图10-4　2岁的幼儿可用任意物品代替电话

- 这是一个定义明确的区域,即将角色扮演独立成区,并且注意角色扮演区的美观度。此外,成人在设计区域的环境时要考虑天花板的高度,例如一些成人会在角色扮演区使用布帘来降低天花板的高度。因为研究表明,当天花板高度较低时,婴幼儿会参与更多的合作性游戏。
- 有足够的空间,至少能容纳4~6名婴幼儿同时游戏。
- 可位于积木区旁边,以增加两个区角之间的交互游戏。例如,当角色扮演区的婴幼儿要进行汽车主题的扮演时,如果区域中没有足够的材料,他们就可以去积木区建构汽车,然后拿到角色扮演区中进行游戏。
- 提供存储柜,方便婴幼儿取放材料,并且可以练习一一对应的技能。
- 需要时,可以随时调整区角以保证充足的游戏机会,以及保持婴幼儿游戏的兴趣。

(a)加油站　　　　　　　　　　(b)消防区

▲ 图10-5　角色扮演区

此外,成人还应该投放有利于婴幼儿角色扮演的材料。该阶段的婴幼儿仍处于以自我为中心的阶段,因此,成人需要在区域中投放重复的材料,使他们可以参与平行游戏。重复的物品将允许婴幼儿在他们参与平行游戏时可以彼此模仿。

其次,成人还要提供服装或布料,可以让婴幼儿创造自己的服装,帮助他们更快地进入角色。服装装扮最好是使用魔术贴或其他便于婴幼儿穿脱的道具。并且还要有熟悉且真实的物品,让婴幼儿可以再现自己的经验。但要注意的是,成人要保证婴幼儿的安全,例如首饰和其他材料需要足够大,避免因异物吸入而导致窒息危险。此外,成人还可以投放全身镜,让婴幼儿能看到自己的装扮。

除此之外,成人还要提供各种职业道具来支持婴幼儿进行游戏。因为职业道具可以代表不同的主题,例如医生工具箱中的听诊器能鼓励婴幼儿听对方的心跳。仿真玩具虽然不太逼真,但能有更多样化的游戏体验。真实道具会给婴幼儿带来不同的体验,例如当婴幼儿使用真正的听诊器时,将有机会听到对方的心跳。另外,角色扮演区还应该有自由未定义的物品,婴幼儿可以将其想象成他们需要的任何东西,例如织物可以变成披肩、围裙、头巾或桌布等。

▲ 图10-6　不同类型的服装及道具

（a）化妆台　　　　　　　（b）电饭煲

（c）医疗箱　　　　　　　（d）收银机

▲ 图10-7　角色扮演区中的不同道具

三、1～2岁婴幼儿人际认知智能区的活动示例

活动名称：我们一起玩

活动目标：
（1）愿意参与集体游戏。
（2）体验集体游戏的快乐。

活动准备：
（1）轻快的音乐。
（2）创设水果店的场景；水果玩偶若干。

活动过程：

1. 导入

通过手指游戏导入，引起婴幼儿的兴趣（请家长协助婴幼儿进行手指游戏）。

手指游戏：我的一家

爸爸瞧瞧（左手从背后伸出，张开手指挥动）；妈妈看看（右手从背后伸出，张开手指挥动）；宝宝的小手真好看（双手一齐摇动）；爸爸瞧瞧（闭合左手，往背后收）；妈妈看看（闭合右手，往背后收）；宝宝的小手不见了（双手都放在背后了）；爸爸妈妈快来看；宝宝的小手出现了（双手从背后伸出来）。

2. 送娃娃回家

（1）让婴幼儿挥动手掌与同伴打招呼。教师可以进行个别交流，关键在于鼓励婴幼儿参与到集体活动中。

（2）创设水果店的场景，引起婴幼儿的兴趣。

教师：大象伯伯的水果店要开业了，但是送来的水果太多了，它一个人忙不过来，所以请宝宝一起来帮忙。

（3）引导婴幼儿和同伴一起将水果运送到娃娃家。当婴幼儿发生争抢行为时，教师要注意引导。教师还要提醒婴幼儿运完一个水果后再运下一个，直到所有的水果都运到水果店里。

教师：我们一起把这些水果运送到大象伯伯的店里吧。

3. 放松活动

带领婴幼儿跟随音乐进行放松活动（注意放松四肢），必要时可以邀请家长一起活动。

4. 记录与分享

教师拍摄活动的照片。

5. 家庭延伸

家长可以经常带婴幼儿拜访亲戚和朋友，多与人交往。

第三节　2～3岁婴幼儿人际认知智能区的环境创设

一、2～3岁婴幼儿人际认知智能发展的特点

（一）2～2.5岁婴幼儿人际认知智能发展的特点

2～2.5岁的婴幼儿正逐渐从对母亲的情感依恋中走出来，开始把目光投向同伴，乐于与同伴一起游戏、一起探索。这个阶段的同伴交往能力已经有所发展，这对于婴幼儿而言是非常重要的，因为他们将来更多的是在与同伴的交往中认识世界、丰富情感、发展语言的。但是在与同伴进行交往的时候，该阶段的婴幼儿带有明显的自我中心倾向。因此，他们必须学习相应的社交技能才能保证同伴关系的良好发展。

成人要针对婴幼儿的发展需求，引导他们进行同伴互动，在互动中有意识地帮助他们掌握简单的交往技能，例如让两个婴幼儿分别完成积木搭建的两个部分，然后合起来成为一个完整的作品，让其体验合作的乐趣。

拓展阅读

婴幼儿的依恋类型

前文已提到，根据婴幼儿对妈妈的依恋情况，可以将他们的依恋分为三类：安全型依恋、回避型依恋和反抗型依恋。安全型依恋的婴幼儿比回避型和反抗型依恋的婴幼儿能更好地适应新的人际关系，并萌发初步的同情心，喜欢参与同伴的活动，能和同伴一起玩简单的角色游戏，会相互模仿，有模糊的角色装扮意识，同时也开始意识到别人的情感。

（二）2.5～3岁婴幼儿人际认知智能发展的特点

2.5～3岁婴幼儿的活动自主性变得更强，他们很在乎活动中的情绪和情感体验。如果他们喜欢一种活动，就会全身心地投入其中，如果他们讨厌一件事情，就会极力地回避。因此，若要让该阶段的婴幼儿喜欢参与集体活动，成人要善于营造宽松、愉快的活动氛围，让他们感受活动中的快乐，体验活动中的自主和自由。

此外，该阶段婴幼儿的语言沟通能力增加，与同伴之间的关系更为紧密，会关注难过的同伴并且给予安慰。在成人的指导下，他们还会提供帮助行为，并能够分享自己喜欢的食物和玩具等。经过前期的引导，2.5～3岁的婴幼儿已经掌握了一些社交的技能，如：等待和轮流等，但是有时也会不耐心，偶尔会出现用推、踢、打等方式来表达需求的情况，造成同伴之间的误会与冲突。

▲ 图10-8 婴幼儿乐于参与集体活动

二、2~3岁婴幼儿人际认知智能区的材料选择和空间创设

（一）2~3岁婴幼儿人际认知智能区的创设目标

根据2~3岁婴幼儿人际认知智能的发展特点，该阶段人际认知智能区的创设目标可以归纳为以下几点：

- 乐于与同伴一起游戏和探索。
- 能掌握一定的社交技能，如：等待和轮流等。
- 愿意与同伴分享自己喜欢的食物和玩具。
- 初步学会用适当的方式表达自己的需求。
- 体验集体活动的快乐。

（二）2~3岁婴幼儿人际认知智能区的创设和材料选择

关于环境创设的总体要求，2~3岁阶段的与1~2岁阶段的大体相同，这里主要介绍在材料方面的差别。

对于该阶段的婴幼儿，成人可以采用允许婴幼儿尝试新角色、探索新场景等方式来增加婴幼儿进入角色扮演区的频率，例如，生活中的情境（如：超市、理发店、医院等）都可以成为角色扮演区的一个部分。成人还可以让婴幼儿集体讨论游戏区角和道具的类型，同时也可以让他们帮忙收集道具等，以此帮助婴幼儿建立兴趣。

除此之外，该阶段的婴幼儿需要有自己独处的空间来平复情绪，因此，成人也要设计一个特殊的空间，可以允许他们独处。这个空间是半封闭的，这样可以提供一个地方让婴幼儿观看别人游戏，然后同时决定是否要加入对方的游戏中，而成人也可以监测婴幼儿的安全问题。

▲ 图10-9 不同的角色扮演区

▲ 图10-10 亚特兰大国际学校和近北蒙台梭利学校教室中专为婴幼儿设置的半封闭私人空间

案例

"厨房"中的互动

图片中的人际认知智能区主要是围绕"家"的经验来设置的,教师提供了一些逼真程度较高的家具和玩具,如:微波炉、电冰箱、各色糕点模型、餐具等,从而来满足婴幼儿的需求。由于婴幼儿自我中心意识强、自控能力较弱,同时缺乏与同伴交往的经验,独占欲望强,因此,教师选择在该区域投放数量丰富且形状简单的玩具。另外,需要注意的是,游戏材料的提供并非越多越好,材料太多会使婴幼儿过于兴奋,注意力分散。

该阶段婴幼儿的游戏形式多为独立或平行游戏,同伴交往的机会较少。教师需要根据该区域中婴幼儿的数量来投放材料,这样可避免婴幼儿为争抢玩具而发生纠纷,满足他们进行平行游戏的需求。

▲ 图10-11 婴幼儿在"厨房"
"厨房"的场景可以帮助婴幼儿表现自己已有的经验,还能与其他婴幼儿进行互动。

三、2~3岁婴幼儿人际认知智能区的活动示例

活动名称：奇奇的冒险

活动目标：

（1）感受故事的奇趣，学习奇奇乐于助人的行为。

（2）通过故事培养婴幼儿的记忆力以及大胆表达的能力。

活动准备：

（1）自制方向盘（一次性纸盘）、小汽车律动音乐。

（2）绘本《奇奇的冒险》及其动画视频。

（3）鲨鱼头饰若干、球若干、篮子一个。

（4）班得瑞轻音乐。

活动过程：

1. 导入

教师引导婴幼儿跟随音乐做律动。

教师播放"小汽车"律动音乐，给每个婴幼儿发自制方向盘，引导他们一起模仿开车的动作。当教师出示红灯卡片时，大家要刹车停住；当出示绿灯卡片时，大家才可以继续开车；当出示大雨的卡片时，引导婴幼儿放下手中的方向盘，双手举起并模仿汽车雨刮器的样子左右摆动。

2. 绘本赏析

（1）教师完整讲述绘本《奇奇的冒险》一遍。

教师在讲述故事时，表情和语音语调要生动活泼。可参考的提问有：

- 故事里都有谁？
- 故事里的奇奇怎么了？

（2）教师第二遍讲述故事，引导婴幼儿了解奇奇乐于助人的行为。可参考的提问有：

- 奇奇都帮助了哪些小动物呢？奇奇这么做好不好？
- 你们喜不喜欢奇奇？

（3）教师借助动画视频让婴幼儿再一次感知奇奇乐于助人的行为。

（4）教师小结，强化婴幼儿了解乐于助人的重要性。

3. 乐于助人小游戏

让婴幼儿扮演鲨鱼奇奇，帮助教师将小球放到篮子里。

教师：你们喜欢奇奇吗？我们也来变成奇奇好吗？老师这里有顶鲨鱼奇奇的帽子，戴上后你们就是小奇奇啦，现在你们来帮老师一起把小球送到篮子里，我们一起做个乐于助人的好孩子吧！

教师巡回指导，婴幼儿在进行小游戏的时候，教师播放背景音乐。

4. 记录与分享
（1）请婴幼儿分享自己帮助别人的趣事。
（2）教师拍摄活动的照片，记录婴幼儿的趣事。

5. 家庭延伸
在家中，家长可鼓励婴幼儿帮助大人做事情。

第四节 教师在0～3岁婴幼儿人际认知智能区中的作用

教师是人际认知智能区的协助者，为了保证婴幼儿之间能进行高质量的游戏，教师需要通过提供背景经验、规划有效的区角、建立和保持趣味以及促进婴幼儿的游戏技巧来支持他们。这里我们以创设角色扮演区为例来具体说明。

一、提供丰富、共享的背景经验

共享背景经验通常是通过实地考察完成的。例如参观蔬菜店，婴幼儿可以看到各种蔬菜，并且能够看到工作人员是如何工作、如何创建标志和向人们兜售蔬菜的。教师可以帮助婴幼儿记住这些经验及角色，并投入相关的道具。

教师还可以使用故事讲述和故事表演等方法来帮助婴幼儿分享自己和他人的故事。教师可以记录婴幼儿的故事，这样也有利于进行反思，使婴幼儿的游戏变得更有意义。

二、鼓励婴幼儿积极参与活动区域的改造

当规划角色扮演区时，教师必须考虑婴幼儿的游戏机会是否能够均等。每次更改区角或向区角添加新材料时，都要确定以下问题：

- 婴幼儿在区角会做什么？
- 他们可以扮演什么角色？
- 道具是如何支持角色的？
- 婴幼儿是否了解角色？

教师在改变区角内容时，需要婴幼儿的积极参与，因为如果没有婴幼儿的参与，就可能会出现教师花了很多时间手工绘制游戏背景，但是婴幼儿没有办法与背景进行互动的情况，他们可能不会在该区域玩耍。因此，当区角需要进行改造时，可以让婴幼儿一起参与制作，这样可以激发婴幼儿参与该区域的兴趣与愿望。

三、通过介绍材料支持婴幼儿的游戏

教师可以通过介绍材料来支持婴幼儿的游戏，例如当引入新材料时，教师会介绍材

料以及材料的使用方法。有时教师投入新材料也会引起婴幼儿对该区域的注意，从而愿意进入该区域进行游戏。

四、提供充足的时间让婴幼儿充分进行角色扮演

角色扮演需要有充足的时间，因为选择和协商角色以及选择道具都是一个耗时的过程。婴幼儿的年龄不同，所需的时间也不同，一般来说，教师可安排1个小时的活动时间，以允许婴幼儿进行深度游戏。

对于年幼的婴幼儿，教师可以通过扮演合作伙伴来扩展他们的游戏内容，但是当婴幼儿开始与同龄人合作时，他们必须决定并制定自己的故事主线。除非特殊情况，教师一般不决定"演出"的内容。

此外，教师还要帮助婴幼儿通过制定游戏计划来加深和扩展他们的游戏内容，而不仅仅是作为他们的游戏伙伴。

五、帮助婴幼儿顺利加入和维持游戏

在游戏中，会有一些婴幼儿由于社交技能有限，不能顺利地加入游戏中，因此，教师在教婴幼儿成功加入游戏的策略规划方面扮演着重要的角色。为了有效地帮助婴幼儿参与到游戏中，教师必须首先了解成功参加游戏的婴幼儿使用的游戏策略。除了教授策略外，教师还可以对暂时未能成功加入游戏的婴幼儿解释其他婴幼儿的行为，例如他正在像你一样煮面条，或者可以向婴幼儿建议一个角色，例如也许她可以是大姐姐，再或者可以给婴幼儿一个吸引人的道具，以帮助其进入游戏中。

在婴幼儿能够成功加入游戏后，他们还需要学习维持游戏的方法。如果发现有婴幼儿难以维持游戏时，教师要观察并记录他们的行为，以确定导致这一问题的原因。例如：是不是婴幼儿不明白他的角色应该做什么；或者是他不想扮演被分配到的这个角色；又或者是不明白如何使用道具等。教师只有了解原因，才能根据婴幼儿的实际问题进行有针对性的指导。

六、观察和记录婴幼儿的学习

教师需要评估和记录婴幼儿在角色扮演区中的情况，以了解他们的兴趣、语言发展、自我管理以及社交能力的水平等。教师可以使用轶事记录、视频、音频等方式进行记录，以评估婴幼儿在这一区域的活动情况。在观察时可以考虑以下问题：

- 婴幼儿是否能成功加入游戏？婴幼儿是否在进行角色扮演（假装是另一个人、动物或物体）？他们喜欢什么角色？
- 婴幼儿通常参与什么类型的游戏？是单独、平行、联合或合作？
- 婴幼儿是否至少与一个同伴进行口头交流？如果是，描述具体场景实例。
- 婴幼儿可以保持10分钟以上的主题扮演吗？
- 婴幼儿能否成功在区角中使用不同的道具？

七、管理区角的挑战

对于是否应该禁止婴幼儿进行打战类主题的角色扮演游戏的问题,很多教师有所担忧,担心婴幼儿会学习游戏中的暴力行为。但是研究表明,婴幼儿对这种类型的游戏有很强的需求,这类游戏能让婴幼儿觉得自己是强大的,并且可以帮助他们面对恐惧。此外,如果教师试图禁止这种类型的游戏,婴幼儿可能会反抗,并以其他的方式来解决自己的需求,反而容易造成危险。

因此,教师可以通过以下措施来满足婴幼儿强烈的需求,并消除自身的担忧。

- 通过观察婴幼儿,帮助他们扩展角色范围,促进有想象力的游戏而不是模仿游戏。
- 将婴幼儿重新定向到相关的游戏中,例如几个婴幼儿正在扮演假装有剑的海盗,教师可以建议他们投入海盗服装设计的活动中。
- 关注游戏中的互助行为。
- 帮助婴幼儿理解实际和虚构的行为之间的区别。

保证所有婴幼儿在身体和情感上的安全体验是很重要的。因此,教师要制定相应的规则,并通过角色扮演游戏促进婴幼儿的认知、社交等技能的发展。

思考题

1. 婴幼儿的同伴关系是如何发展的?
2. 在创设1~2岁婴幼儿人际认知智能区时需要注意的问题有哪些?
3. 为2~3岁阶段的婴幼儿设计一次关于人际认知智能方面的活动。

第十一章 身体动觉智能区的创设

学习目标

1. 掌握0～3岁婴幼儿身体动觉智能发展的特点。
2. 了解各年龄段身体动觉智能区环境创设的目标与注意点。
3. 学会依托环境和材料，为各年龄段婴幼儿设计适合其身体动觉智能发展的活动。

内容脉络

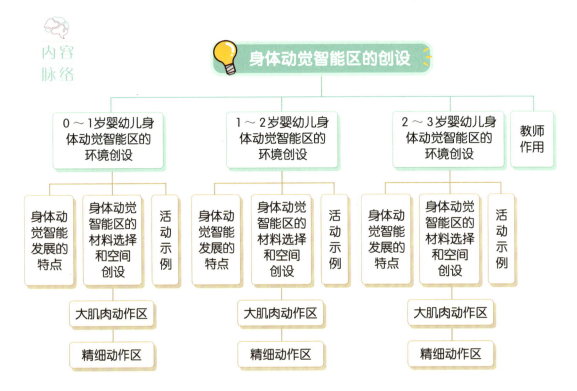

身体动觉智能是指善于控制身体运动，从而运用身体动作表达思想和情感以及运用双手灵巧地操作物体的智能。肢体运动对于婴幼儿来说是必不可少的，有利于婴幼儿发展身体动觉智能，并保持健康的生活方式。肢体运动主要分为两个部分：大肌肉动作和精细动作。

0～3岁的婴幼儿处于基本运动阶段，基本运动包括步行、跑步、跳跃等。掌握基本运动能帮助婴幼儿成功地参与许多游戏，是运动和活动的基础。虽然机体的成熟在运动的发展中也起着重要作用，但是仍需要一些练习来帮助婴幼儿获得和加强基本运动的能力。因此，婴幼儿需要进行一些大肌肉动作的练习。此外，精细运动对婴幼儿的发展也有着重要作用，包括手指、手和手臂的协调运动。精细动作的发展对于婴幼儿的绘画、拼图、生活技能等能力的提升至关重要，例如使用餐具、扣扣子、拉拉链、绑鞋带和使用工具等。精细运动技能受感知觉、神经系统、认知、完成任务的动力和环境支持的影响。因此，0～3岁婴幼儿的身体动觉智能区域可分为大肌肉动作区和精细动作区。

▲ 图11-1　在身体动觉智能区里，一般投放低矮的器械

拓展阅读

身体动觉智能突出的代表人物

玛莎·葛兰姆是美国舞蹈家和编舞家，也是现代舞蹈史上最早的创始人之一。

1910年，玛莎·葛兰姆受到露斯圣丹尼斯的表演的启发对舞蹈产生了兴趣，随后前往萧恩舞团正式学习舞蹈，并成立了自己的"玛莎·葛兰姆"舞团。

玛莎·葛兰姆被称为"现代舞之母"，她还独创了葛兰姆式舞蹈技法，对后来的现代舞发展影响深远。玛莎·葛兰姆生前被称为美国的"国宝"。她靠着自己独特的收缩与放松技术，风靡了整个美国，甚至是欧洲的许多国家。

▲ 图11-2　玛莎·葛兰姆

第一节　0～1岁婴幼儿身体动觉智能区的环境创设

一、0～1岁婴幼儿身体动觉智能发展的特点

（一）0～6个月婴幼儿身体动觉智能发展的特点

▲ 图11-3　婴儿尝试抬头

0～1个月的婴儿在俯卧时会尝试抬头，仰卧时会向两侧摆头，并且他们的觅食、吮吸、吞咽、握拳等条件反射的发展都较完善。此时的他们四肢能笨拙地活动，且上肢活动多于下肢。2～3个月的婴儿在被成人抱着的时候，头能竖直地向四周张望，同时能随着看到的物品或听到的声音转动180度，俯卧时能抬头45度，逐渐能从仰卧位变为侧卧位。在精细动作发展方面，2～3个月的婴儿的上肢能够伸展，并且两手能在胸前接触、互握，手指能放开，能伸手触摸东西。4～6个月时，婴儿能逐渐从仰卧状态翻身到俯卧状态，当背后有物体倚靠时能坐稳，在没有倚靠时身体会稍微向前倾，然后会用手撑住。成人帮忙扶腋下时也能站直，双腿还会呈现跳跃状。同时，他们的精细动作也在发展，他们能双手拿起面前的玩具，并且喜欢把东西放入口中探索，有时候会撕纸、玩手、扒脚等，还能换手接物，但稍显笨拙。

（二）7～12个月婴幼儿身体动觉智能发展的特点

▲ 图11-4　婴儿用四肢爬行

7～12个月是婴儿大动作发展最为迅速的时期，部分婴儿的坐、爬、站、走等能力可在这个阶段习得。7个月左右，大部分婴儿能坐稳，并且坐着的时候身体不再向前倾。8个月左右开始会用四肢爬行了，并且腹部不会贴着地面。需要注意的是，坐和爬的动作是交叉发展的，学会爬行对婴儿的发展至关重要，因为爬既可以锻炼四肢，加强背部肌肉的力量和协调运动能力，又可以促进婴儿大脑和小脑之间神经的生长和发育。由于婴儿可以移动自己的身体位置了，他们开始主动接触外部世界。10个月左右，婴儿开始学习扶着物体站起，且能慢慢站稳，可能还可以扶着

物品迈步，这让婴儿进一步扩大了自己的活动范围，开阔了眼界，满足了好奇心，对他们的认知、情绪、人际交往等能力都有促进作用。特别要注意的是，婴儿的发展是有个体差异的，并且这些动作的发展都是交叉进行的（并非按顺序进行的），例如婴儿在学习站立的期间，坐和爬的技能也在发展。

在精细动作方面，7个月的婴儿的手眼协调动作开始有所发展。手眼协调是指聚焦和协调眼部运动和处理视觉输入，以控制和指挥手完成所期望的任务。婴儿的手日益灵活，他们可以利用自己的双手去感知事物，发展自己的触觉。最明显的发展是，他们不再使用全掌抓握物体，已经能将五指分开，他们的五指分工运动逐渐灵活，开始可以双手配合着取放物品，还能将一只手中的物品放到另一只手中。此外，该阶段的婴儿开始能够意识到自己所做的动作，会重复地摆弄物品，例如会将东西从大罐子中拿出来再放进去。

二、0～1岁婴幼儿身体动觉智能区的材料选择和空间创设

（一）0～1岁婴幼儿身体动觉智能区的创设目标

根据0～1岁婴幼儿身体动觉智能的发展特点，该阶段的身体动觉智能区可以划分为大肌肉动作区和精细动作区，因此，其创设目标可以归纳为以下几点：

- 能从仰卧位翻身到俯卧位。
- 头能自由转动180度。
- 没有物体倚靠时能坐稳，并且身体不向前倾。
- 能（腹部不贴地面）进行四肢协调地爬行。
- 能扶物品站立，有时能迈步。
- 双手能互相配合，并从全掌抓握发展到五指分工。

（二）0～1岁婴幼儿身体动觉智能区的创设和材料选择

在规划该区域之前，成人要先了解以下问题：

- 一共有多大的空间？这些空间是专用的身体动觉智能区，还是多功能区？
- 为什么需要区分大肌肉动作区和精细动作区？
- 婴幼儿当前的发展水平是什么？运动区是否涵盖了婴幼儿不同的发展需要，例如发展大肌肉动作（如：坐、爬、走等）、发展精细动作（如：投掷等）。
- 区域中的材料需要每次活动后进行收拾整理吗？

1. 大肌肉动作区

大肌肉动作区应既能保证婴幼儿的安全，同时又能为婴幼儿提供锻炼的机会。在空间条件允许的前提下，大肌肉动作区可以设置在户外。一个设计良好的户外运动区有很多的好处，例如：婴幼儿可以痛快地玩；可以通过大喊大叫来释放多余的精力；可以使用大型的运动器械；可以更好地体验自然的气息，并且感受阳光。研究表明，在户外玩耍的婴幼儿比在室内玩耍的婴幼儿表现出更好的视觉运动整合力、想象力、言语和社交技能。如果室外空间条件不允许，我们也可在室内设置大型的运动器械。成人在创设

大肌肉动作区时需要注意以下几点：

（1）安全原则。安全因素必须是设计和维护大肌肉动作区的主要考虑因素。成人的目标是在为婴幼儿提供肢体运动机会的同时减少危险，因为危险是婴幼儿看不到的东西，但是挑战是婴幼儿可以看到和选择承担或不承担的东西。婴幼儿需要冒险挑战自己的技能和勇气，因此，没有任何风险的运动区是不可能也是不可取的，即安全的风险是有价值的。所以对于成人而言，最重要的是要做好应对的对策和安全措施，例如在大型器械附近铺好防摔软垫等，这样才能更好地保证婴幼儿在安全的环境下获得肢体动作的发展。此外，设备材质的安全也是成人要考虑的因素。因为小月龄的婴儿喜欢用嘴巴去探索物体，因此，成人要避免投放有毒材质的设备。如果大肌肉运动区设置在户外，那么另一个需要注意的安全因素则是紫外线，成人要避免婴幼儿长时间的暴晒，尤其是6个月以下的婴儿，更应该避免其被阳光直射。

（2）提供充足的空间。运动空间应该被进一步分区，成人能够清楚地描绘不同活动的区域，如：爬行区、学步区等。理想的情况是，如果所有的婴幼儿都在同时使用运动区，应该至少要有6～8个分区可用。每个分区通常可以锻炼婴幼儿1～2项运动技能，并且每个分区都应该有足够的材料，避免婴幼儿的消极等待。

▲ 图11-5 婴幼儿爬行练习区
不同坡度的平面可以给婴幼儿带来不同难度的挑战。

（3）提供发展适宜的材料和活动。如果成人以不合理的方式来挑战婴幼儿的技能水平，婴幼儿会自己"发明"具有挑战性的玩法，但与此同时就会产生难以预料的风险。所以为了满足婴幼儿快速发展技能的需要，成人要设计不同难度水平的挑战，例如在帮助婴幼儿练习爬行时，可以提供不同坡度的平面。当他们进行身体挑战时，不仅会获得

▸ 图11-6 布球
布球既能锻炼婴幼儿的触觉，滚动时还能帮助其练习爬行。

▲ 图11-7 钻爬材料可以帮助婴幼儿练习爬行

自信，还可以获得运动技能，如：敏捷、速度、平衡和协调的能力，同时还能发展空间和方向意识。成人在大肌肉动作区中可以投放的材料有：

- 可供婴幼儿练习爬行的不同材质或不同坡度的软垫。
- 提供可以倚靠的物品，从而帮助婴幼儿练习坐和站。

2. 精细动作区

研究发现，对精细动作的控制力在婴幼儿的生活或学习中扮演着很重要的角色。当婴幼儿在进行精细动作活动时，数

▲ 图11-8 倚靠材料可以帮助婴幼儿练习站立和行走

学、阅读和其他认知功能所需的大脑区域会被激活。此外，婴幼儿在参与精细动作活动时，能增加他们注意力的广度和自我管理的能力，例如婴幼儿在进行瓶盖匹配时，一般是直到完成所有的匹配任务才会停止活动，而当他们第一次完成一个挑战时，他们会体验到成就感。

因此，精细动作区需要被安排在一个可以让婴幼儿安静操作并且不被打扰的区域，最好有自然光照。此外，成人可以投放不同类型的收纳盒，并且放置在低矮、开放、带有标签的柜子上，便于婴幼儿取放。同时要有平坦的表面供婴幼儿操作，可以是桌子也可以是地板空间。最重要的是，成人要提供吸引人的、丰富的、发展适宜的且能满足婴幼儿发展需要的高品质材料。正如蒙台梭利所说的，"寻找你能得到的最有吸引力的材料，创造一个和谐和美丽的有准备的环境"。例如，0～1岁婴幼儿在精细动作上的发展主要是双手的协调，因此，成人可以提供如摇铃、小球等材料；也可以让婴幼儿撕纸，从而促进其双手的协调性；还可以投放悬挂类或抓握玩具，帮助婴幼儿锻炼五指分开的技能。

▲ 图11-9　悬挂玩具

▲ 图11-10　抓握玩具

案例

游戏活动：撕报纸的声音

早教机构的刘老师经常会拿一些读过的报纸或者废纸让婴幼儿来撕，让他们在聆听撕报纸声音的同时，感觉动作与声音之间的关系。通过撕报纸这个有趣而又有声响的活动，可以锻炼婴幼儿的手指、手腕和上肢的力量。

三、0～1岁婴幼儿身体动觉智能区的活动示例

活动名称：我可以自己爬过去

活动目标：

（1）训练大肌肉，学习爬过障碍物。
（2）体验运动的乐趣。

活动准备：

（1）动物摇铃、呼啦圈、枕头、小球、中空的箱子、婴幼儿健身架和悬挂玩具若干。
（2）用地垫铺设手膝爬的路径。

活动过程：

1. 导入

出示动物摇铃，引起婴幼儿的兴趣。

2. 爬爬游戏

（1）设置爬爬游戏的场景，利用摇铃鼓励婴幼儿爬过呼啦圈这一障碍物。

教师利用摇铃引导婴幼儿四肢交替协调地向前爬。必要时，教师可以用手撑在婴幼儿的脚部，帮助婴幼儿学会向前爬行。

（2）逐渐增加障碍物，让婴幼儿不断挑战。鼓励婴幼儿，并根据他们的能力适当调整游戏的难度。

- 增加枕头障碍物，让婴幼儿从枕头上爬过去。
- 增加小球，让婴幼儿推开或者绕着小球爬。
- 增加空箱子，让婴幼儿从空箱子中间爬过去。
- 可以在终点增加悬挂玩具，以吸引婴幼儿爬到终点。

（3）在婴幼儿完成任务的时候，及时给予表扬。

3. 静态活动

教师带领家长给婴幼儿做放松活动。例如：可以让婴幼儿平躺在地上，家长给婴幼儿按摩手脚；可以提供健身架来引导婴幼儿放松四肢。

4. 家庭延伸

在日常生活中，家长可以多让婴幼儿进行爬行的练习。

第二节 1～2岁婴幼儿身体动觉智能区的环境创设

一、1～2岁婴幼儿身体动觉智能发展的特点

（一）1～1.5岁婴幼儿身体动觉智能发展的特点

1～1.5岁的婴幼儿开始学会直立行走，但有时会因为害怕而寻求倚靠，并且走路时头会不自觉地向前倾，重心不稳容易摔跤。如果成人仔细观察该阶段的婴幼儿会发现其手脚配合还不协调，这是因为婴幼儿头重脚轻，走路难以保持平衡，并且其骨骼肌肉还很单薄稚嫩，所以在支撑身体时会比较吃力。同时，他们脊柱的弯曲也没有完全形成，因此，会出现手脚不协调、重心不稳的表现。此外，该阶段婴幼儿的五指逐渐分化与灵活，能用三指或两指捏住不同大小的物品（如：小球或者积木），有时可以将积木垒高2～4块。另外，婴幼儿手的活动能力逐渐增强，会尝试拿勺子、握笔等。成人可以让婴幼儿从罐子里将糖果取出，或者捡纽扣等。

（二）1.5～2岁婴幼儿身体动觉智能发展的特点

1.5岁的婴幼儿能灵活地向前或者向后走，走路时喜欢推、拉、拿着玩具；能连续跑3～4米，但重心会有些不稳；能独自上下矮床、扶着栏杆上下楼梯、原地跳跃；开始会攀爬、踢球、扔球以及蹲着玩，能够双手举过头顶扔球；能控制自如地站在低矮的平衡木上让自己不跌倒。

在精细动作方面，该阶段婴幼儿不再是拿着东西敲敲打打、单纯摆弄了，他们已经能根据物体的特性来使用工具。例如，婴幼儿不再将笔当作玩具，而是将笔作为画画的工具等。该阶段的婴幼儿已开始学习使用工具，双手的控制能力也发展得更好，手指也更灵活。

二、1～2岁婴幼儿身体动觉智能区的材料选择和空间创设

（一）1～2岁婴幼儿身体动觉智能区的创设目标

根据1～2岁婴幼儿身体动觉智能的发展特点，该阶段的身体动觉智能区同样划分为大肌肉动作区和精细动作区，其创设目标可以归纳为以下几点：

- 能灵活地向前走或者向后走，不摔倒。
- 能尝试原地跳跃。
- 能站在低矮及较宽的木板上保持平衡。
- 能使用钳式抓握取放不同大小的物品。
- 能双手协调并且手指灵活地使用一些工具。

（二）1～2岁婴幼儿身体动觉智能区的创设和材料选择

1. 大肌肉动作区

在该阶段，成人可以为婴幼儿投放锻炼走、跑、跳、攀爬技能的材料。1～2岁的

婴幼儿已经能自如地行走，成人可以为其准备一些拖拉玩具，或是提供不同的行走路径图（直线的或者曲线的），也可以设置不同平面的场地（如：泥土路、石子路等），以此来帮助婴幼儿锻炼行走和跑步的技能。

案例

走路小游戏

玩法1：教师手拿小鼓，让婴幼儿按照打鼓的节拍来行走，节拍快时走快些，节拍慢时走慢些。

玩法2：当教师说"变高了"，婴幼儿就站着走。当教师说"变矮了"，婴幼儿就蹲下。

玩法3：教师带领婴幼儿沿着地上的脚印走。

玩法4：教师出示小鸟图片时，婴幼儿学小鸟张开翅膀走。教师出示小猫图片时，婴幼儿学小猫轻轻走，以此来锻炼婴幼儿的协调能力和平衡能力。

在平衡方面，成人可以投放不同高度和宽度的平衡板，并根据婴幼儿的发展情况，逐渐缩小平衡板的宽度。在跳跃方面，成人可以根据婴幼儿的身高和跳跃能力，设置不同难度的场景，让他们在跳跃时可以触碰到挂在上方的玩具。但要注意设置安全护垫，以免婴幼儿在跳跃的过程中跌伤。在攀爬方面，成人可以并排放置一些轮胎并固定到位，供婴幼儿进行攀爬练习。

▲ 图11-11 推拉玩具能帮助婴幼儿练习行走

2. 精细动作区

钳形抓握是该阶段婴幼儿需要学习的一个关键的精细运动技能，即婴幼儿使用拇指和食指拿起一个小物件的能力，重点是通过拇指和食指触碰所形成的空间是环形的。这种能力允许婴幼儿可以使用令手不那么疲劳的方式握住铅笔或其他工具。成人可以为婴幼儿提供一些锻炼钳形抓握的材料，例如让婴幼儿自己拿水杯喝水；使用夹子夹东西；用勺子舀东西；穿珠子；拼2～3块的拼图等。但是成人要注意材料的安全，例如珠子的尺寸不可过小，以免婴幼儿吞食窒息。

（a）串珠　　　　　　　　　　　（b）拼图

▲ 图11-12　婴幼儿练习精细动作的玩具

三、1～2岁婴幼儿身体动觉智能区的活动示例

活动名称：穿穿乐

活动目标：
（1）尝试将绳子穿过水果上的洞。
（2）锻炼婴幼儿的手眼协调能力。

活动准备：
水果穿珠材料。

活动过程：

1. 导入

▲ 图11-13　水果穿珠材料

教师展示事先穿好的水果串，激发婴幼儿参与活动的兴趣。

教师：这条链子真好看，你们看，上面有苹果、香蕉、西瓜、葡萄等，原来是水果串起来的项链宝宝，你们也来做一条水果项链好吗？

2. 教师示范
（1）教师引导婴幼儿尝试将绳子穿过水果上的洞。
（2）鼓励婴幼儿耐心地完成穿绳活动。

3. 记录和分享
（1）鼓励婴幼儿跟大家分享自己完成的水果项链。
（2）将婴幼儿的作品用照片的方式记录下来。

4. 家庭延伸
在家庭中，家长可继续帮助婴幼儿进行手指精细动作的锻炼。

第三节　2～3岁婴幼儿身体动觉智能区的环境创设

一、2～3岁婴幼儿身体动觉智能发展的特点

（一）2～2.5岁婴幼儿身体动觉智能发展的特点

2岁以后，婴幼儿已能控制身体进行走、跑、跳、平衡等动作。例如：他们可以双脚交替走楼梯、双脚离地跳；能后退、侧着走和奔跑；能轻松地站立和蹲下；能手脚基本协调地进行攀爬；能双手端着东西来回走动；会在草地上踢球；会迈过低矮的障碍物；会用积木搭桥等；会临摹画直线和水平线等。此外，该阶段的婴幼儿还能进行最初的生活自理活动（如：擦嘴巴、洗手、用勺子吃饭等），但是还不够熟练，身体的平衡及协调能力还有待加强，两手的配合与协调能力也有待进一步成熟和完善。因此，这个阶段婴幼儿的动作发展应以形成基本动作技能为主要任务，为婴幼儿的生活自理和自主游戏能力的提升奠定基础。

（二）2.5～3岁婴幼儿身体动觉智能发展的特点

2.5岁之后，婴幼儿动作发展得更为全面、成熟，大部分的婴幼儿已能掌握跳、跑、攀爬等复杂的动作，能双脚交替一步一级上楼梯，会骑小三轮车，能从大约25厘米高处跳下。3岁左右时，婴幼儿能较好地控制身体的平衡，能进行独脚跳和双脚交替着一步一级下楼梯，会跳远，能手脚基本协调地攀高爬低，且动作灵活。这个时期的婴幼儿尽管具备了一些基本的动作能力，但还要学习一些复杂的动作和带有技巧性的动作。32～33个月是婴幼儿单脚跳能力发展的关键期。在这个时期，婴幼儿已经能单脚跳，并开始学习在运动中发展自己的力量和保持平衡，这是婴幼儿平衡能力发展的又一个里程碑。

3岁左右婴幼儿的手部动作更加精细，会初步使用剪刀等工具，例如，能一手捏纸，一手握安全剪刀，剪断较窄的纸条。此外，婴幼儿还能做揉、压、搓、捏等手指动作，例如，会双手搓捏面团或泥巴，还会摁纽扣、拉拉链等，两手配合也更加协调。

二、2～3岁婴幼儿身体动觉智能区的材料选择和空间创设

（一）2～3岁婴幼儿身体动觉智能区的创设目标

根据2～3岁婴幼儿身体动觉智能的发展特点，该阶段的身体动觉智能区同样可以划分为大肌肉动作区和精细动作区，其创设目标可以归纳为以下几点：

- 能手脚基本协调地攀爬。
- 能双脚交替走楼梯。
- 能单脚跳，不摔倒。
- 双手动作协调，手指灵巧，如能进行涂鸦，也能用勺子吃饭等。
- 手眼协调能力进一步提升，例如能尝试将小物品放回罐子。
- 具有手腕转动能力，例如打开门把手。

（二）2～3岁婴幼儿身体动觉智能区的创设和材料选择

1. 大肌肉动作区

某机构的大肌肉动作区

这里是大肌肉动作区。0～3岁的婴幼儿喜欢鲜艳的颜色，同时鲜艳的颜色也能使他们兴奋起来，因而教师选择了橙色作为运动区的主色调。为避免鲜艳的颜色使婴幼儿的神经系统过于兴奋，教师还加入了能使他们平静下来的蓝色来调和。此外，教师还在大肌肉动作区设置了爬行、攀爬、走步等区域，以此多方位地发展婴幼儿的大肌肉动作。

▲ 图11-14 大肌肉动作区（1）

▲ 图11-15 大肌肉动作区（2）

在芝加哥实验学校的教室里，婴幼儿为了区分各自的瑜伽垫，他们会选择一块喜欢的石头放在自己的瑜伽垫前作记号。

相比于1～2岁，2～3岁的婴幼儿在大肌肉动作的发展方面有很大的提升。对于该阶段的婴幼儿，成人要注意提供跳、跑、攀爬等大动作的材料，例如在跳跃方面，成人要提供软的跳跃垫，以保障婴幼儿的安全；可以设置高低不同的跳跃场景（如：台阶、低矮的障碍物等），让婴幼儿跳过去。在跑方面，成人同样可以设置一些障碍物，也可以利用运动器械来辅助（如：障碍路线运球等）。在攀爬方面，除了1～2岁阶段使用的轮胎外，还可以设置简单的攀岩墙，但要做好防护措施。

除了这些有针对性的材料外，成人还可以投放一些轮式玩具。轮式玩具能提高婴幼儿的协调能力、肌肉力量和空间感知力，成人可以提供三轮车、摩托车、自行车和其他有轮子的玩具。同时可以根据婴幼儿的发展状况提供不同的骑车路径，如：曲折的小路、小山、坡道和隧道等，以此来增加婴幼儿的兴趣和挑战性。此外，成人需要提供头盔来保护婴幼儿头部免受伤害，并教会其相关的安全技能。

▲ 图11-16　三轮车可锻炼婴幼儿的大肌肉动作

此外，大型运动器械（如：滑梯、秋千等）也是婴幼儿感兴趣的大肌肉动作锻炼器械。成人可以提供各种类型的滑梯（如：直的、螺旋的等），以增加婴幼儿的兴趣，满足不同发展水平的婴幼儿的需要。另外，秋千可以使婴幼儿放松，同时能改善其平衡与协调能力，可以体验飞行的感觉，能激发想象力；还能为婴幼儿提供分享和合作的机会，从而有助于他们未来的人生发展。考虑到婴幼儿的安全，成人可以提供摇篮式或桶形座椅的秋千。

▲ 图11-17　户外运动区

芝加哥实验学校和亚特兰大国际学校的户外运动区地面被设计成不同的坡度组合，以满足不同婴幼儿肢体发展的需求。

2. 精细动作区

成人在投放能帮助婴幼儿精细动作发展的材料时，需要考虑他们正在学习的动作技能，包括钳形抓握及抓握的力量、双向协调、手眼协调、腕部旋转、手指灵巧性等。针对不同的发展技能，成人可投放相应的材料。但要注意的是，投放的材料除了能锻炼婴幼儿的某一技能外，同时也可以帮助婴幼儿发展其他操作技能。例如，穿串珠在发展婴幼儿的手眼协调能力的同时，也能锻炼其钳形抓握能力。成人可投放的材料有以下几类。

（1）在锻炼婴幼儿的钳形抓握及力量时，可以运用的材料与活动形式有：
- 各式贴纸。
- 用滴管将水从一个容器移动到另一个容器。
- 用镊子、钳子或勺子将珠子或豆子从一个地方移动到另一个地方。
- 简单的3～4块拼图。

（2）在锻炼婴幼儿手的双向协调能力时，可以运用的材料与活动形式有：
- 订书机和纸张。
- 扣扣子。
- 用于折纸的纸张。
- 一个空的纸巾盒并带有围巾，围巾可以拉出。

（3）在锻炼婴幼儿手眼协调能力时，可以运用的材料与活动形式有：
- 捡珠子。
- 投放顶部有孔的罐子，以及能够穿过该孔的物品（当婴幼儿对当前物品失去兴趣时可以更换其他物品）。
- 裁剪活动。婴幼儿起初可能还不能很好地使用剪刀，可以先提供塑料剪刀进行切割，然后发展到用真的剪刀剪碎片。

此外，有目标地投掷和接球也是一种锻炼婴幼儿手眼协调能力的方式，可以运用的材料与活动形式有：
- 不同尺寸、重量和材质的球或豆袋。
- 可收纳物品的箱子或篮子。

▲ 图11-18 大肌肉动作活动——投篮

- 将投掷的目标贴在墙上,或者悬挂呼啦圈,抑或是放置一个低矮的篮球圈,用于投掷豆袋和球。
- 一个悬挂的空塑料瓶,里面有一个铃铛,可以用球或豆袋击打它。
- 用于锻炼投掷和接住技能的纸飞机。

（4）在增强婴幼儿手腕转动能力和手腕稳定性时,可以运用的材料与活动形式有:

▲ 图11-19　练习手腕力量的材料

- 盖子和罐子的匹配游戏（成人可以提供各种不同的、有趣的罐子和盖子）。
- 拧螺栓。
- 各式各样的可以打开和关闭的小盒子。
- 可以转动的把手。

（5）在提高婴幼儿手指灵巧性或独立移动个别手指的能力时,可以运用的材料与活动形式有:

- 投放音乐器材（如：钢琴玩具等）,婴幼儿在用手指弹奏乐器时可以发展其手指的灵巧性。
- 通过投放一些手指木偶,以引导婴幼儿使用手指木偶进行游戏,从而锻炼手指的灵巧性。

除此之外,墙面玩具也是一个不错的选择,它既可以节省空间,又便于收拾整理。

▲ 图11-20　墙面玩具既能节省空间,还能锻炼婴幼儿的精细动作

三、2～3岁婴幼儿身体动觉智能区的活动示例

活动名称：袜子套套套

活动目标：

（1）锻炼婴幼儿的小肌肉，发展其手眼协调能力。

（2）体验运动的乐趣。

活动准备：

（1）袜子的图片。

（2）起始路径：用地垫铺设手膝爬路径（5米×1米）。返回路径：将波浪平衡木（4块）并列摆放。

（3）篮筐、袜套若干。

活动过程：

1. 导入

猜谜语导入，引出袜子。

鼓励婴幼儿大胆表达，猜出谜底，给每位婴幼儿表现的机会。此外，让婴幼儿懂得袜子的作用，比如袜子每天都陪着我们一起走路，保护着我们的脚。

谜语：小小口袋冬天戴，白天把人四处载。

2. 套袜套游戏

（1）教师引导婴幼儿学习自己穿袜套，并巡回指导。

学习穿袜套：教师出示袜套，请婴幼儿坐在地上，屈腿。婴幼儿双手撑开袜套并将其穿上。

（2）教师设置套袜套的游戏场景，并介绍游戏玩法。教师要引导婴幼儿控制速度，四肢交替协调地向前爬直线，用力均衡，脚尖着地可控。

玩法：婴幼儿需要往返场地两次，去程时要注意手膝和脚尖着地，抬头，向前爬直线。回程的时候需要在篮筐里取一个袜套，经"独木桥"（波浪平衡木）后到达终点，最后要将取到的袜套穿在一只脚上。然后再次往返，直到两只脚都穿上袜套。

（3）将婴幼儿分组进行游戏，最先完成的组获得胜利。提醒婴幼儿要两只脚都穿上袜套才算完成任务。此外，教师还可以根据婴幼儿的能力调整活动的难度和任务量，例如只往返一次。

3. 静态活动

教师带领婴幼儿做放松活动，并收拾活动场地。

4. 家庭延伸

日常生活中，家长可以多让婴幼儿进行独立穿脱袜子的练习。

第四节 教师在 0～3 岁婴幼儿身体动觉智能区中的作用

一、教师在大肌肉动作区中的作用

教师在大肌肉动作区中扮演着重要的角色，这不仅体现在最初的环境设计上，还体现在对婴幼儿运动过程中的指导和支持上。教师要意识到婴幼儿进行肢体运动的重要性，并促进婴幼儿进行积极的社交互动，同时保障婴幼儿的安全。

（一）帮助婴幼儿预防和解决冲突

教师需要提供有效的环境、足够的材料和设备，从而防止冲突的发生，让婴幼儿获得情感和身体上的安全感。如果发生冲突，教师要协助婴幼儿讨论和解决冲突，让他们获得解决冲突的技能。

（二）定期检查设备，保证婴幼儿的安全

大型运动器械需要有良好的维护，从而更好地保障婴幼儿的安全，例如修护破损的铁丝网可以避免弄伤婴幼儿的皮肤等。因此，为了保障婴幼儿的安全，教师需要每天检查区域内的设施设备，以消除明显的安全隐患。此外，教师还应定期进行全面、精密的安全检查。

（三）增加婴幼儿进行身体活动的机会

婴幼儿需要有机会从事日常的身体活动。当他们参加运动区的活动时，其身体技能可以得到增强，如心血管耐力、肌肉力量、肌肉耐力和灵活性都有所提升。除了创造一个富有挑战性的环境外，教师还可以通过以下方式增加婴幼儿的身体活动。

- 避免淘汰机制的游戏，因为率先出局的婴幼儿通常是最需要运动的。此外，教师要注意这些婴幼儿可能在游戏过程中会感到不舒服，容易对身体活动产生抵触情绪。
- 分析游戏或活动，让婴幼儿更好地参与到游戏中。
- 通过设计足够的分区和提供充足的材料来消除婴幼儿的等待时间。
- 通过设计特殊的户外活动来增加婴幼儿在自然环境中的活动机会。

（四）提供道具

道具可以扩展婴幼儿的活动内容，还可以支持婴幼儿的发展需求，满足婴幼儿的兴趣，并帮助他们达成目标。

（五）与婴幼儿互动

教师在大肌肉动作区与婴幼儿互动是至关重要的，这里列举几种互动的方式。

- 将物品埋在沙箱中，让婴幼儿寻找。
- 在树上挂一个篮筐，供婴幼儿扔球。
- 用皱纹纸制作飘带，婴幼儿可以用它们跳舞或感受风向等。

- 与婴幼儿一起游戏，如：掷球、吹泡泡等。
- 引导婴幼儿接触大自然。

（六）观察和记录婴幼儿的活动情况

教师可以事先设计一个有关婴幼儿身体技能的列表，以便婴幼儿在展示运动技能时可以对其进行核对。此外，教师也可以使用轶事记录等多种方式。列表中的内容包括：爬行、步行、跑步、跳跃（单脚和双脚）、踢、投掷（接住）、击打、动态平衡（即移动时平衡）、静态平衡（重心保持静止）、轴向运动（弯曲、拉伸、扭转等）。

（七）为婴幼儿提供更多的练习机会

在儿童早期，婴幼儿身体会迅速发展，同时他们也在发展运动技能，如：爬行、行走和跳跃等。为了发展婴幼儿重要的运动技能，并为其未来的身体发育奠定基础，婴幼儿需要有机会从事肢体运动。此外，他们还需要教师提供材料和活动，以获得持续的机会来实践这些技能。另外，教师通过鼓励和示范来支持婴幼儿的学习也很重要。例如，为了促进婴儿的身体发育，教师一开始会让他们趴在地垫上，通过练习抬头来加强他们颈部的肌肉，或者将玩具放在婴幼儿可触碰的范围之外，以此引导其爬行等。

二、教师在精细动作区中的作用

（一）保证婴幼儿的安全

教师要注意材料的尺寸，虽然使用小尺寸的材料更有利于促进婴幼儿发展精细动作，但同时也容易造成婴幼儿窒息（误食或将材料塞入鼻腔）。

（二）介绍新材料

随着婴幼儿精细动作的发展，教师帮助他们学会以正确的方式使用工具是很重要的。比如剪刀的使用，虽然用拇指和食指来握住剪刀在婴幼儿的活动中很常见，但这是错误的方式。教师应该教婴幼儿把拇指和中指放在剪刀的孔中，并使用食指来稳定剪刀，这才是正确的握剪刀的方式，这种正确的剪刀定位方式可以增强婴幼儿手部精细动作的发展。

（三）保持区角的趣味性

教师可以通过添加新材料和移除婴幼儿不再使用的材料来保持区角的趣味性。更重要的是，教师还需要考虑有特殊需求的婴幼儿。例如左撇子，教师要提供有利于左撇子婴幼儿使用的工具材料，并教会他们正确的使用方法。

（四）观察婴幼儿，适时提供帮助和鼓励

教师要观察婴幼儿的活动过程，适时地提供不同的工具或材料来支持他们的活动。例如，当一名婴幼儿不能完成拼图时，教师可以观察他以确定他当前正在使用的策略，然后建议他尝试其他的策略，如可以让他尝试翻转每个拼图块等方式。

此外，教师可以通过讨论他们的进步以及记录他们的学习情况来鼓励和认可精细动作区中的婴幼儿，并根据他们的发展水平提供具有不同难度等级的材料。

(五)记录与反思

精细动作区不像其他区角,在这里,婴幼儿无法制作出一个可以保存的作品,因此,教师更需要通过拍照、编制检查表或轶事记录等方式来记录婴幼儿的进步和成就。在评估和记录婴幼儿的活动过程中,教师可能需要考虑以下问题:

- 婴幼儿使用哪只手?是否始终使用优势手?
- 婴幼儿能钳形抓握吗?是否可以在其他手指不动的情况下动一根手指?
- 婴幼儿能否有效使用双手?
- 婴幼儿偏好选择使用什么类型的材料?他们能否有效地使用材料?使用材料时的注意力是否集中?

精细动作技能对于婴幼儿当前和未来的学习成就以及他们的生活质量都至关重要。我们知道,婴幼儿的精细运动技能部分基于他们机体的成熟度,但是与此同时,婴幼儿也必须有适当的经验才能激发他们的全部潜力。因此,作为教师有义务为婴幼儿提供丰富的、适宜的、有趣的精细运动材料和活动。

思考题

1. 0～1岁婴幼儿的大肌肉动作发展有什么特点?
2. 如何通过创设的环境来促进0～3岁婴幼儿精细动作的发展?

第十二章 家庭早期教育环境的创设

1. 了解家庭早期教育环境中各个智能区的创设方法。
2. 了解家长在环境中的引领作用。

婴幼儿时期是一个人身心健康、习惯养成、智力发展的重要阶段，父母是婴幼儿最佳也是最直接的教师。婴幼儿在日常的家庭教养环境中，不断地接受父母和来自家庭环境的刺激，从而获得逐步发展。

一、家庭语言智能环境的创设

（一）营造良好的阅读环境

家庭的读写环境是婴幼儿阅读习惯养成和阅读能力提升的重要保障。在家庭中，家长可以开辟一个固有的读书角，放置适合0～3岁婴幼儿阅读的洗澡书、布书、有声书、纸板书等不同类型的图画书。为了营造良好的阅读氛围，家长还可以在图书角增加地垫，让婴幼儿能够舒服地躺在父母的怀里，体验亲子阅读的乐趣。另外，家长还可以适当地放置一些有声玩具和布偶，将图画故事与父母的表演结合在一起，从而提升婴幼儿的阅读兴趣。当然，家长还可以设定好一个固定的亲子阅读时间，让婴幼儿充满期待。

（二）减少电子环境的干扰

电子设备为我们生活带来便捷的同时，也会给婴幼儿带来一些不利的影响。由于婴幼儿的眼睛尚未发育成熟，电子设备使用的频率过高或时间过长都会影响他们的视力，也可能造成他们身体的不适，影响他们的认知和社会性发展等。因此，很多组织和机构都建议，家长尽量不要让0～3岁的婴幼儿频繁接触电子设备。在家庭中，家长也应该

▲ 图12-1 亲子阅读环境

减少自己对电子设备的依赖,为婴幼儿做好榜样。

二、家庭音乐智能环境的创设

(一)创设一个充满音乐的家庭环境

为了给婴幼儿创设音乐化的学习环境,若有条件,家长可以购置一套音响设备,选择适合0～3岁婴幼儿欣赏的音乐作品。如果婴幼儿年龄很小,可以选择一些轻柔的乐曲,如《摇篮曲》。等他们年龄大些的时候,可以选择一些世界名曲,如李斯特的《爱之梦》、莫扎特的《嬉游曲》等,或是我国的一些童谣、儿歌,如《摇啊摇》、《小老鼠》等。家长可在固定的时间播放音乐,让婴幼儿熟悉音乐。

此外,有条件的家庭还可以购置一些音乐小材料,如:手摇鼓、铃铛等,从而提高婴幼儿对音乐的兴趣和感受能力。

(二)让婴幼儿随时随地聆听音乐

聆听音乐的范围不限于家里,大自然的天籁之音也是音乐。家长要让婴幼儿接触自然,引导他们欣赏自然中的美妙音乐,如:虫鸣鸟叫等。等到婴幼儿年龄稍大时,家长可以带他们去看一些具有童趣的音乐表演,现场感受音乐。

拓展阅读

婴幼儿睡前为什么需要音乐

作为父母,我们经常会面临这样一种窘境:孩子很早就爬上床,但是很久还不睡,怎么办呢?其实我们可以尝试让孩子听听音乐。

当孩子和我们一起躺在床上的时候,放一两首他们熟悉的音乐,会让他们很快地平静下来。久而久之,孩子听到音乐就知道就寝时间到了。柔和的音乐可以让孩子放松下来,让他们在睡觉的时候感到安全。

除了听音乐之外，家长还可以尝试自己唱摇篮曲。爸爸妈妈熟悉的声音可以使孩子更快入睡。

三、家庭空间智能环境的创设

（一）布置赏心悦目的生活环境

家长可以在家里的阳台或房间里种植一些花、盆景等植物，摆放一些婴幼儿喜欢的、色彩鲜艳的玩具等，也可在墙壁上贴一些照片、地图、美术作品等，以此吸引婴幼儿的注意力，让他们感受色彩的美。

（二）给婴幼儿艺术表现的机会

家长可以为婴幼儿提供不同的创作材料，让他们感受不同材料所呈现的表现效果，例如用水彩颜料和蜡笔进行涂鸦。

（三）培养婴幼儿的方向感

婴幼儿对身体功能以及身体和外在世界关系的感知可以培养其方向感。在家庭中，家长可以依靠镜子来培养婴幼儿的方向感。比如，家长可以让婴幼儿面对镜子，然后用手指指出他自己的鼻子、眼睛、头发等；可以让婴幼儿在镜子前走近、走远，以此感知远和近。其实，除了增加方向感，镜子也是让婴幼儿发展自我意识的重要设施。

四、家庭自然观察智能环境的创设

（一）让婴幼儿亲近大自然

家长可以利用公共的自然环境，如带孩子去植物园、动物园、公园、博物馆等场所，这不仅可以扩大婴幼儿的知识面，还可以让他们感受到生命的奇妙和多样性，以及自然与人类的关系，从而帮助他们萌发对自然和生命的热爱。

在家里，家长可以收集一些大自然中的物品（如：小石头、树叶等），让婴幼儿在家里也能观察和感知自然。

▲ 图12-2 家庭中的植物角

（二）培养婴幼儿的观察力、爱心和耐心

在日常生活中，家长可以和婴幼儿一起种些植物，创设家庭植物角，让婴幼儿观察植物的生长过程。当婴幼儿发现了一些新的变化时，他们会产生一种成就感，这是对他们的鼓励和肯定，能增加他们观察的兴趣。此外，饲养动物也可以增进婴幼儿与动物之间的感情，让他们懂得关爱和珍惜生命，同时还可以培养婴幼儿的观察力、爱心和耐心。

五、家庭逻辑数学智能环境的创设

（一）收集不同的游戏材料，拓展数学学习

对于家长来说，如果要培养婴幼儿的逻辑数学智能，就要抓住数学的核心概念，在生活中融入趣味数学。如数数、分类、比较等游戏，都是简单且易操作的，它们有助于发展婴幼儿的逻辑数学智能。家庭生活中有非常多的材料都可以用于数学学习，比如不同大小的汽车玩具，它们也可以帮助婴幼儿了解大小的概念，学习比较；一些简单的拼图可以让婴幼儿感知形状的不同等。

（二）建立生活常规

生活常规的建立是提升婴幼儿内在生活节奏的重要方式，也是培养其数学逻辑智能的重要手段之一。当家长在固定的时间与婴幼儿进行游戏时，一方面，可以提醒婴幼儿当时的时间，而另一方面，则有助于提高婴幼儿的节奏感。在家庭中，家长可以依托日历、时钟、太阳光线等不同的参照物来引导婴幼儿认识时间。

（三）采用不同的提问策略和记录方式

家长可以提出一些有趣且能发展婴幼儿逻辑数学智能的问题。比如，如果我们把冰激凌放在餐桌上，多久会化掉？让我们来看看，如果将冰激凌放在冰箱的冷藏室而不是冷冻室，它会化得更快还是更慢？又如，我们需要吃多少口才能把整个苹果吃完？

此外，逻辑数学智能和自然观察智能有很多重合的部分。因此，家长可以结合两者为婴幼儿提供材料。例如，将一盆花放在有充足光照的窗台上，另一盆放在阴暗的角落，然后记录两盆花的生长情况，引导婴幼儿观察两盆花的变化。在这个过程中，婴幼儿可以逐渐养成记录的习惯，还可以观察花在不同光照条件下的生长情况。

六、家庭自我认知智能环境的创设

▲ 图12-3 家庭环境中的自我认知

（一）帮助婴幼儿认识自己

家长可以在家里放置镜子，与婴幼儿一起站在镜子前，让其比较父母与自己的不同之处，这能使婴幼儿认识到每个人都是独特并且不可替代的。

（二）设计婴幼儿的独处空间

在家庭的某个安全又安静的角落，为婴幼儿开辟一个私有空间，让婴幼儿有自己独处和思考的地方，这有助于婴幼儿倾听自己的声音。这样的空间可以是一个家长自行搭建的帐篷、一张属于婴幼儿的小床，也可以是婴幼儿自己的房间。

▲ 图12-4 属于自己的空间——床
这种床有多种功能，可以分开也可以合起来。

（三）给婴幼儿提供书写空间

当婴幼儿会拿笔进行涂鸦时，有一个属于他们自己的书写空间就显得格外重要。这标志着他是这个家庭中独立的一个人，也是帮助他建立自我与家庭关系的一种载体。

（四）帮助婴幼儿建立自己的爱好

爱好是需要家长培养的，但最重要的是鼓励婴幼儿做自己喜欢的事情，不管是写写画画，还是收集报纸，这都是应该值得家长去鼓励的行为。只有当婴幼儿发现了自己存在的价值，他们才能更好地发展自我认知智能。因此，家长可以在家庭中提供多种材料让婴幼儿进行探索，当他们对某个材料感兴趣的时候，可以适当地增加同类型的材料，或者添加更高水平的材料，以帮助婴幼儿在探索的过程中发现自己的爱好。

七、家庭人际认知智能环境的创设

（一）设立独立的游戏区角

家庭中也应该设有类似早期教育机构中角色游戏区的环境，因为这是婴幼儿所喜欢的，同时也是发展其人际认知智能的有效途径。在区角材料的选择上，家长可以挑选符合婴幼儿发展特征的材料，如：布娃娃、厨房玩具、医院玩具等。

（二）把家庭作为游戏的场所

家庭是婴幼儿最放松的地方。在家里，婴幼儿可以自由地选择玩具和材料，也可以自由地选择游戏。家长要鼓励和陪伴婴幼儿进行游戏，比如捉迷藏等游戏就可以充分调动不同婴幼儿的互动情绪，让他们能够更好地参与到与他人的互动中。

（三）注重与人的互动

如果孩子在0～3岁阶段便能时常与人互动，会为他们未来的人际交往奠定基础。除了家长与婴幼儿的亲子互动外，家长还要注重婴幼儿与小伙伴之间的幼幼互动和与其他成人或早教老师之间的互动。对于容易害羞的婴幼儿来说，家长可以经常邀请其他同伴来家里，因为"主场作战"可以让他们有安全感，从而逐步培养其与同伴交往的能力。

八、家庭身体动觉智能环境的创设

（一）大肌肉动作的发展

婴幼儿动作的发展标志着其身心的健康发育，爬、跑、钻、跳是婴幼儿时期需要的运动方式。家长可以借助一些常见的器材，与婴幼儿一起运动，如蹦床、秋千、滑梯等游戏；可以提供足球、篮球等球类让婴幼儿踢或拍打（拍打对婴幼儿来说有难度，可以让其尝试），从而感受运动带来的快乐，提升对自己身体的了解和认知。

（二）精细动作的发展

精细动作是婴幼儿身体动觉智能的重要组成部分，是神经系统发育的一个重要指标。在家庭中训练婴幼儿的精细动作非常重要，家长可以借助家中常见的玩具材料，比如积木和串珠来发展婴幼儿的精细动作。此外，家长还可以和婴幼儿玩捡碎纸的游戏，同样可以有效提升他们的精细动作。

（三）经常带婴幼儿去户外活动

家长要经常带婴幼儿去户外活动，可以让孩子在户外玩的过程中进行走、跑、跳等动作的练习，从而锻炼他们的大肌肉。但要注意的是，活动的强度不宜过大，要考虑婴幼儿的年龄特点，同时要注意热身，避免婴幼儿肌肉拉伤等问题的出现。

拓展阅读

父母是孩子世界里的天气

遵循婴幼儿身心发展规律所创设的家庭环境，在注重物理环境的安全性和适宜性的同时，也要注重婴幼儿心理环境的创设。有句话说"父母是孩子世界里的天气"，由于婴幼儿的大部分时间都是由父母陪伴的，因此父母要注重控制自己的情绪和情感，避免将自己的负面情绪影响孩子。

思考题

1. 有人认为"家长自身的言语发展不会对婴幼儿的语言发展产生影响"，请阐述你的观点，并说明理由。
2. 家长该如何为婴幼儿创设良好的家庭早期教育环境？

中文参考文献

[1] Thelma Harms, Richard M C.家庭托育评量表（修订版）[M].倪用直，译.台北：心理出版社，2010.

[2] Thelma Harms, Debby Cryer, Richard M C.婴幼儿托育环境评量表（修订版）[M].倪用直，译.台北：心理出版社，2008.

[3] 朱莉·布拉德.0～8岁儿童学习环境创设[M].陈妃燕，彭楚芸，译.南京：南京师范大学出版社，2014.

[4] 陈鹤琴.为儿童造良好的环境[J].幼儿教育，2000（Z1）.

[5] 卢梭.爱弥儿[M].李平沤，译.北京：商务印书馆，1978.

[6] 单伟儒.蒙特梭利教学理论与方法简介（修订本）[M].台北：蒙特梭利文化事业股份有限公司，1988.

[7] 霍华德·加德纳.智能的结构[M].沈致隆，译.杭州：浙江人民出版社，2013.

[8] 陈杰琦，西娜·莫兰，霍华德·加德纳.多元智能在全球[M].多元智能学会，译.北京：中国人民大学出版社，2010.

[9] 霍力岩，胡文娟.略论蒙台梭利教育法之精要[J].幼儿教育，2008（5）.

[10] 玛拉·克瑞克维斯基.多元智能理论与学前儿童能力评价[M].李季湄，方钧君，译.北京：北京师范大学出版社，2015.

[11] 蔡东霞，窦岚，左瑞红，等.瑞吉欧方案教学的特点及其对我国幼儿教育改革的启示[J].教育探索，2011（10）：158—159.

[12] 霍华德·加德纳.多元智能新视野[M].沈致隆，译.北京：中国人民大学出版社，2008.

[13] 周兢.汉语儿童语言发展研究[M].北京：教育科学出版社，2009.

[14] 周兢.给0～3岁孩子的60本图画书[M].深圳：海天出版社，2016.

[15] 王小英.学前儿童心理学[M].长春：东北师范大学出版社，2012.

[16] 周念丽.学前儿童发展心理学（第三版）[M].上海：华东师范大学出版社，2014.

[17] 孙爱青.《上海市学前教育机构装备规范》之探[J].中国现代教育装备，2013（2）：16—17.

[18] 陈庆.学前教育机构玩教具装备的探究[J].中国现代教育装备，2013（10）：34—36.

[19] 叶雁虹，陈庆.学前教育装备指南[M].北京：世界图书出版公司，2008.

[20] 李贞.幼儿园环境创设[M].镇江：江苏大学出版社，2013.

[21] 汝茵佳.幼儿园环境与创设[M].北京：高等教育出版社，2006.

[22] 何德能.幼儿园环境设计[M].长春：东北师范大学出版社，2003.

[23] 李全华.幼儿园环境创设[M].杭州：浙江大学出版社，2007.

英文参考文献

[1] Essa E L E, Burnham M M E. Informing Our Practice: Useful Research on Young Children's Development [M] // Informing Our Practice: Useful Research on Young Children's Development. 2009: 255.

[2] Johnson J E, Christie J F, Wardle F. Play, development, and early education [M]. New York: Pearson, 2005.

[3] Shonkoff J P, Boyce W T, Cameron J. Children's emotional development is built into the architecture of their brains [EB/OL]. National Scientific Council on the Developing Child, 2004 [2018-6-11]. https://developingchild.harvard.edu/science/national-scientific-council-on-the-developing-child.

[4] Olds A R. Psychological and Physiological Harmony in Child Care Center Design [J]. Children's Environments Quarterly, 1989, 6(4): 8—16.

[5] Torelli L, Durrett C. Landscape for Learning: The Impact of Classroom Design on Infants and Toddlers [J]. Early Childhood News, 1995, 8: 12—17.

[6] Ginsburg H P. Mathematical Play and Playful Mathematics: A Guide for Early Education [M]. Oxford: Oxford University Press, 2006.

[7] Gardner H, Hatch T. Multiple Intelligences Go to School: Educational Implications of the Theory of Multiple Intelligences [J]. Educational Researcher, 1989, 18(8): 4—10.

[8] Guyton G. Using Toys to Support Infant-Toddler Learning and Development [J]. Yc Young Children, 2011, 66(5): 50—56.

[9] Gardner, H. The Unschooled Mind: How Children Think and How Schools Should Teach [M]. New York: Basic Books Inc, 1991.

[10] Feeney S, Magarick M. Choosing Good Toys for Young Children [J]. Young Children, 1984, 40(1): 21—25.

[11] Bronfenbrenner U. The Ecology of Human Development: Experiments by Nature and Design [M]. Boston: Harvard University Press, 1979.

[12] Cryer D, Harms T, Riley C. All about the ITERS-R [M]. Lewisville: PACT House Publishing, 2004.

[13] Bullard J. Creating Environments for Learning: Birth to Age Eight [M]. New York: Pearson Ptr, 2009.

[14] Harms T, Clifford R M, Cryer D. Early childhood environment rating scale [M]. New York: Teachers College Press, 2005.

[15] Sylva K, Sirajblatchford I, Taggart B. Assessing Quality in the Early Years-Early Childhood Environment Rating Scale Extension (ECERS-E): Four Curricular Subscales [J]. 2003.

[16] Weinstein C S, David T G. Spaces for Children: The Built Environment and Child Development [M]. New York: Plenum Press, 1987.

[17] Kim T. Ferguson, Rochelle C. Cassells, Jack W. MacAllister, et al. The physical environment and child development: An international review [J]. International Journal of Psychology, 2013, 48(4): 437—468.

[18] Zhang X K, Cao H, Liu Z. Television Environment and Child Development [J]. Journal of Northeast Normal University, 2006.